기독교, 새 시대가 열린다

(주)죠이북스는 그리스도를 대신한 사신으로
문서를 통한 지상 명령 성취와 하나님 나라 확장을 위해 노력합니다.

기독교, 새 시대가 열린다
ⓒ 2025 이문장

이 책의 저작권은 저자와 (주)죠이북스에 있습니다. 신 저작권법에 의하여 한국 내에서 보호받는 저작물이므로 무단 전재와 무단 복제를 금합니다.

기독교, 새 시대가 열린다

이문장 편역

죠이북스 *omf*

1판

머리말

오늘날 우리는 기독교가 세계적인 종교로 자리 잡았음을 기뻐하며 축하하고 있습니다. 지난 200여 년 동안 진행된 서구 선교 운동이 활발히 전개된 결과, 복음은 전 세계에 널리 퍼졌습니다. 지리적 확장이라는 측면에서 보면, 세계 복음화가 거의 완성 단계에 이르렀다고 해도 과언이 아닙니다. 동시에 우리는 기독교의 중심이 서구에서 아프리카, 남미 그리고 아시아의 여러 지역으로 이동하는 현상을 목격하고 있습니다. 이는 기독교의 새 시대가 도래하고 있음을 시사합니다. 하지만 21세기의 기독교가 그 어느 때보다도 큰 도전과 난제를 직면하고 있는 것도 사실입니다. 풀어야 할 과제들이 결코 만만치 않습니다. 그 과제들을 간략하게 살펴보면 다음과 같습니다.

첫째, 세계 지성계의 흐름이 기독교에 적대적인 방향으로 흐르고 있습니다. 선교학자들은 세속화와 다원주의가 앞으로 기독교 선교에 가장 큰 장애물이 될 것으로 전망합니다. 또한, 국제 정치 환경도 기독교에 우호적이지 않습니다. 미국이 주도하는 '테러와의전쟁'이 미국과 기독교에 대한 반감을 증폭시키고 있습니다. 최근 종교와 영성에 대한 관심이 다시금 높아지고 있지만, 기독교보다는 전통 종교나 다양한 영성 운동에 대한 선호가 더 강해지고 있습니다.

둘째, 기독교인들이 정체성의 위기를 겪고 있습니다. 사회에서 기독교인과 비기독교인의 경계가 점점 희미해지고 있으며, 기독교 내부에서도 혼란이 가중되고 있습니다. 단순히 "저는 기독교인입니다"라고 말하는 것만으로는 충분하지 않습니다. 자신이 속한 교단이 어디인지, 같은 교단 내에서도 보수인지, 중도인지 혹은 진보적인 입장을 취하는지 등을 추가로 설명해야 정체성을 이해받을 수 있는 상황입니다. 기독교 내부의 상황이 이처럼 복잡해지고 있습니다.

셋째, 기독교 내부에서도 신앙에 대한 태도가 변화하고 있습니다. 일부 신학자들은 타 종교에 대한 기독교의 역사적 입장을 비판적으로 검토하면서, 오히려 선교의 순수성을 왜곡하거나 부정적인 시각을 제시하기도 합니다. 심지어 성경의 권위를 비판하는 이들도 신학자로 인정받는 현실입니다. 이러한 내부적 비판이 신학이라는 이름으로 이루어지고 있습니다. 이로 인해 기독교가 종교로서 존립의 위기를 맞고 있습니다.

넷째, 기독교 진리에 대한 이해와 실천이 점점 더 피상적이고 경박해지고 있습니다. 서구 기독교는 '팔과 다리가 잘린 기독교'(Truncated Christianity)라는 표현으로 묘사되곤 합니다. 기독교가 기독교답지 못하다는 말입니다. 서구 계몽주의의 영향으로 복음은 본래의 모습을 잃었고, 오히려 계몽사상에 동화되었습니다. 기독교가 더 이상 기독교의 본래 모습을 유지하지 못하기 때문에 전 세계적으로 기독교 본래의 모습을 회복하려는 갈망과 탄식이 커지고 있습니다.

다섯째, 기독교의 지리적 확장이 거의 마무리 단계에 이르렀습니다. 세계 복음화의 목표는 상당 부분 이루어졌지만, 여전히 미전도 종족을 향한 선교 운동이 지속될 것입니다. 이제 기독교 선교의 초점은 단순한 확장이 아니라, 기독교의 내적 갱신과 회복으로 옮겨가야 합니다. 선교의 시대가 마무리된 이후, 기독교가 나아가야 할 방향을 진지하게 고민해야 합니다.

이 책에 소개된 글들은 이와 같은 문제의식을 바탕으로 구성되었습니다. 한국 교회는 먼저 세계 기독교의 흐름을 정확하게 파악해야 합니다. 그런 다음, 한국 교회가 감당해야 할 역할과 사명을 분명히 인식하고, 이를 위해 역량을 집중해야 합니다. 한국 교회가 하나님의 경륜을 읽고 세계 교회를 위해 쓰임 받을 준비를 철저히 한다면, 기독교의 새 시대를 선도할 수 있을 것입니다.

2006년 10월
미국 고든콘웰신학교에서
이문장

2판
머리말

　오래전에 『기독교의 미래』라는 제목의 이 책을 출판하였습니다. 한편으로는 기독교의 미래가 어떻게 전개될 것인지의 방향 전망과 동시에 기독교의 미래를 어떻게 준비해야 하는지와 관련된 여러 학자의 통찰을 소개한 책입니다. 초판이 나온 후 어느새 20년에 가까운 세월이 흘렀지만, 본서에 담긴 내용은 여전히 유효하다고 생각되어 재판을 독자들에게 내놓게 되었습니다.
　초판이 출판된 이후 세상은 급격한 변화를 경험했습니다. 예전에는 낯설었던 개념인 '인공지능'이 우리 삶 깊숙이 들어와 삶의 질과 폭을 바꾸어 놓았고, 더불어 사람들의 인식 지평에도 이전에 경험해 보지 못한 변화가 일어나고 있습니다. 이제는 자크 엘룰(Jacque Ellul)이 예견했던 기술 시대의 도래가 우리 일상의 현실이

된 것 같습니다. 세속화와 탈종교화가 지구촌 모든 지역에서 낯익은 현상이 되었고, 기독교뿐만 아니라 타 전통 종교들조차 대중들의 관심으로부터 멀어져 가고 있습니다.

"기독교에 미래가 있는가?"하는 자조 섞인 비판도 있습니다. 변화하는 세상에서 변하지 않는 복음을 전하는 사명, 온 인류를 창조주 여호와, 하늘에 계시는 우리 아버지께로 돌아오도록 만드는 사명을 맡은 교회와 교인들의 존재감을 어떻게 회복할 수 있을까 고심이 깊어지는 시점입니다.

본서에 담긴 통찰을 재음미해 보는 것은 시사하는 바가 크다고 생각됩니다. 한 번 읽고 지적인 자극을 얻는 것뿐만 아니라, 본서에 담긴 메시지를 통해 구체적인 실천 및 적용 방안을 찾을 수 있기를 기대합니다.

오늘의 현실과 한국 교회를 보면 답답한 마음이 올라옵니다. 어떻게 하면 교회와 성도들이 시대의 흐름과 변화에 끌려가지 않고 생명력을 회복할 수 있을까 고민하게 됩니다. 하지만 지금도 적극적으로 일하고 계시는 하늘 아버지의 계획과 능력과 섭리를 믿고 부름받은 자리에서 맡겨 주신 사명에 최선을 다하면 머지않아 새 일을 행하시는 하늘 아버지의 역사를 보게 될 것이라 확신합니다. 본서를 읽는 독자들에게 큰 유익이 있기를 기도합니다.

2025년 4월

이문장 목사

차례

1판 머리말 /4

2판 머리말 /8

1부
세계 기독교의 판도 변화

1장 남반구 기독교 시대의 도래 : 기독교 역사의 6단계 _ 앤드류 월즈 /13

2장 복음의 토착화, 그 무한한 가능성 _ 라민 싸네 /35

3장 21세기 기독교와 아시아 교회의 역할 _ 이문장 /60

2부
탈서구화와 21세기의 교회

4장 초대교회에서 배우는 21세기 교회 모델 _ 앤드류 월즈 /89

5장 기독교의 미래 : 오리겐을 통해 본 전망 _ 앤드류 월즈 /110

3부
21세기 기독교 신학의 패러다임 변화

6장 서구 신학의 한계와 아시아 신학의 필요성 _ 화 융　　　　/ 139

7장 세계 기독교의 신학 지평을 확장하라 _ 존 음비티　　　　/ 153

8장 아프리카 신학이란 무엇인가 _ 크와메 베디아코　　　　/ 174

9장 한국 신학, 어떻게 할 것인가 _ 이문장　　　　/ 206

부록　기독교, 방향 전환의 종교: 앤드류 월즈 교수와의 대담　　　　/ 226

주　　　　/ 251

1부

세계 기독교의
판도 변화

1장
남반구 기독교 시대의 도래

기독교 역사의 여섯 단계

앤드류 월즈 (Andrew F. Walls)

오순절 성령 강림 이후 20세기까지의 기독교 역사는 대체로 여섯 단계로 구분할 수 있다. 각 단계마다 기독교는 당대 문화를 주도하던 지역에서 그 문화를 흡수하며 성장해왔다. 이는 기독교가 각 시대의 문화와 깊이 있게 교류하며 변화했다는 것을 의미한다. 이러한 과정에서 기독교 신앙에 대한 이해는 시대와 환경, 그리고 문화와의 상호작용 속에서 새롭게 형성되었다.

첫 번째 단계 : 유대 시대

이 기간은 짧지만 기독교 역사에서 매우 중요한 시기로, 이 당시 기독교는 철저히 유대적인 성격을 띠고 있었다. 초기 1세대 기독교인들은 모두 유대인이었으며, 비록 그들 사이에 헬라주의자와 유대주의자, 보수주의자와 자유주의자 등의 다양한 관점이 존재했지만, 그들은 예수님을 그리스도(메시아)로 고백하면서도 유대교를 버리고 새로운 종교로 개종했다는 생각을 전혀 하지 않았다. 기독교가 두 번째 단계로 넘어간 사건은 기독교 역사상 가장 놀라운 일 가운데 하나다. 안디옥에서 '구브로와 시돈' 출신의 무명 기독교인들이 헬라어를 사용하는 이방인 몇 명에게 유대 민족의 구원자인 예수님을 전했다. 이방인들이 이를 받아들이자 예루살렘의 사도들과 장로들은 그들이 유대인이 되지 않아도 기독교인이 될 수 있다는 사실을 인정했다. 이로 인해 기독교는 그리스-로마적인 성격을 갖추게 되었고, 이스라엘 민족의 구원자였던 메시아는 인류 전체의 주님(The Lord)으로 이해되었다.

이 사건은 그야말로 시의적절했다. 왜냐하면 기원후 70년과 135년에 일어난 유대인 학살로 이스라엘이라는 국가는 완전히 멸망했기 때문이다. 그러나 메시아이신 예수님에 대한 신앙이 문화적 경계를 넘어 확장되었기 때문에, 기독교는 살아남아 지속될 수 있었다. 만약 그 시기에 복음이 유대인의 울타리를 벗어나 이방 세계로 전파되지 않았다면, 기독교는 에비온파(Ebionites)와 같은 소수 집단으로 남았을 가능성이 크다. 에비온파는 자신들이 의인 야고보(James the Just)와 예루살렘 장로들의 전통을 계승했다고 주장했지만, 3~4세기에는 이미 기독교 주류에서 밀려나 있었다. 복음이 문화의 경계를 넘어 전파되는 과정에서 기독교 신앙의 표현 방식에도 변화가 일어났다. 신약성경은 이러한 변화를 감지할 수 있는 중요한 기록이다. 성경은 초대교회 성도들이 어떤 관심사를 가졌으며 무엇을 우선시했는지를 보여준다.

예수님의 죽음에 실망하여 엠마오로 향하던 제자는 "우리는 이 사람이 이스라엘을 구속할 자라고 바랐노라"(눅 24:21)고 말했다. 예수님이 승천하실 때에도 제자들은 비슷한 관심을 보였다. 새 시대가 도래했음을 깨달은 그들은 예수님께 "주님이 이스라엘 나라를 회복하심이 이때니이까"(행 1:6)라고 물었다. 이는 수백 년간 고난 속에서도 희망을 품어 온 유대인들만이 던질 수 있는 질문이었다. 반면, 유대인이 아닌 사람들에게는 이런 질문이 직접적으로 와 닿지 않았다.

한편, 이방인들은 다른 관심사를 가지고 예수님께 나아왔다. 구원에 관한 질문도 그들에겐 달랐다. 1세기 이방인들은 이스라엘의 정치적 운명보다는 영혼의 운명에 더 관심을 가졌을 것이다. 그러나 예수님은 이 모든 다양한 질문들에 대한 답이 되셨다. 예수님을 믿고 따르는 유대인이나 헬라인, 그리고 오늘날의 모든 기독교인에게 예수님은 궁극적인 해답이 되신다. 비록 그들이 던지는 질문은 각양각색일지라도 말이다.

엠마오로 향하던 길에서 글로바가 한 말이나 제자들이 산에서

던진 마지막 질문은 예수님의 사역과 삶에 대한 그들의 이해가 정확하지 못했음을 여실히 보여준다. 그럼에도 예수님은 그들을 전혀 책망하지 않으셨다. 그 대신 제자들이 사용한 용어와 관심사를 존중하며 그들의 질문을 받아주셨다. 제자들의 질문은 그들 고유의 역사적 경험에서 비롯된 것이었다. 이에 예수님은 "때와 기한은 아버지께서 자기의 권한에 두셨으니 그대들이 알 바 아니니라"(행 1:7)고 답하셨다. 이방인들이 가진 절대적 세계에 대한 관심이 유대인들의 질문보다 더 본질적이거나 통찰력이 있었다고는 할 수 없다. 우리의 상황과 경험에 따라 우리가 던지는 질문에 예수님이 주실 답변 또한 제자들에게 주셨던 답변과 비슷할 것이다. 분명한 사실은 예수님의 답변은 누구에게나 궁극적으로 충분한 답이라는 점이다.

안디옥에 있던 기독교인들은 예수님이 이방인을 위한 메시지이심을 깨닫고 대담한 결정을 내리기로 했다. 그들은 오랜 세월 소중히 사용해온 '메시아'라는 칭호를 더 이상 사용하지 않기로 한 것이다. 이는 메시아라는 용어가 이방인들에게는 거의 의미가 없을 뿐 아니라 오히려 오해를 불러일으킬 가능성이 있다는 점을 간파했기 때문이다. 설령 그들이 개념적으로 메시아의 의미를 이해한다고 해도, 이스라엘 민족의 구원자가 이방인들에게 어떤 관련성과 가치를 가질 수 있겠는가? 이에 안디옥의 기독교인들은 이방인들의 문화와 관점에 맞는 표현을 고민했다. 그들은 이방인들이 자신들의 민족적 구원자나 염원을 이루어줄 인물로 이해할 수 있도록, '예수님'이라는 이름에 새로운 칭호를 붙이기로 했다. 이들은 '메시아'라는 용어 대신, 간결하면서도 보편적인 '주님'(The Lord)이라는 칭호를 선택했다. 이 칭호는 당시로서는 모호하게 들릴 수 있었으며, 자칫 오해를 불러일으킬 가능성도 있었지만, 이방 문화에 복음을 효과적으로 전하기 위한 전략적 선택이었다(행 9:22, 행 11:20 비교).

그들의 결정이 어떤 방향으로 전개될지는 그 누구도 예측할 수 없었다. 아마 당시에도 이러한 변화가 혼합주의로 이어질 가능성을 경고한 사람이 분명히 존재했을 것이다. 만약 그러한 경고가 없었다면 오히려 이상한 일이다. 그러나 안디옥 기독교인들이 타문화를 향해 복음을 전달하기(cross-cultural communication) 위해 치렀던 노력은 결과적으로 기독교 신앙을 널리 확산시키고 보존하는 데 크게 기여했다.

두 번째 단계 : 그리스-로마 시대

기독교 역사의 두 번째 단계는 그리스-로마 시대다. 이는 당시 기독교가 지리적으로 그리스-로마 문화가 지배하던 지역에 국한되어 전해졌다는 의미가 아니다. 기독교 공동체는 이미 중앙아시아, 동아프리카 및 남인도 등지에서도 존재했다. 그럼에도 이 단계를 그리스-로마 시대라 부르는 이유는 로마 제국이 번영하던 수 세기 동안 헬라 사상과 문화가 기독교에 스며들었고, 기독교 신앙의 주된 양식이 헬라 사상과 문화의 영향을 받았음을 의미한다. 이 시기에 헬라 문명은 기독교 역사에 많은 영향을 끼쳤다. 기독교가 헬라 문명과 교섭하는 과정에서 '정통'이라는 개념이 도입되었다. 이 개념은 논리적 논증을 통해 일련의 명제들로 정리한, 바른 신앙을 위한 교회법으로 정착되었다. 이는 유대 시대에는 상상할 수 없는 일이었다. 당시 유대인들의 주된 관심사는 '누가 어떤 신분을 가졌는가?' 또는 '어떤 행위를 하는가?'와 같은 문제였지, '무엇을 믿는가?'와 같은 논리적 신념 체계는 아니었기 때문이다. 그러나 그리스-로마 세계와 교섭하면서 기독교는 여러 면에서 이질적인 또 다른 총체적 사고 체계와 만났고, 그리스-로마 사상 체계가 기독교 안으로 자연스럽게 흡수되었다.

그리스-로마의 사상 체계에는 본질적으로 오만함이 내재되어 있었다. 수 세기 동안 그리스-로마적인 유산이 타민족에게 전파되면서 변화하고, 때로는 기독교 신앙의 영향을 받기도 했지만, 그 특유의 오만한 특징은 완전히 사라지지 않았다. 그 오만함이란 다음과 같은 것이다. 이 세상에는 하나의 바람직한 삶의 양식, 하나의 문명, 하나의 모범적 사회, 하나의 법률 체계, 하나의 사고방식만이 존재해야 한다고 여기는 사고를 의미한다. 이러한 관점에서 인류는 두 종류로 나뉜다. 바로 이러한 문명과 사고를 공유하는 민족과 그렇지 못한 민족으로, 즉 헬라인과 (인종적이 아니라 문화적 차원에서) 야만인으로 구분되는 것이다.

반면 유대인과 유대교는 여러 측면에서 이와 같은 체계에 도전하는 존재였다. 유대교가 그리스-로마적인 유산에 어느 정도 동화되었음에도 불구하고, 유대인이라는 정체성을 가지고 있다는 사실 자체가 그리스-로마 세계와는 다른 범주에 있었음을 의미했기 때문이다. 유대인들은 그리스-로마 세계에서 독특한 위치를 점하고 있었다. 이들은 오랜 역사를 지닌 독자적인 문학과 문자적 전승을 보유하고 있었으며, 이를 바탕으로 인류를 하나님의 나라인 이스라엘과 이방 나라 두 부류로 나누어 구분했다. 그리스-로마 기독교인들은 이 두 가지 유산을 조화시키는 방안을 찾아야만 했다. 그리스-로마의 총체적 사고 체계가 복음과 만나면서 기독교화되어야 했고, 그들의 지적 전통은 그리스도의 포로가 되어 새로운 목적을 위해 활용되어야 했다. 법제화와 조직화의 전통 역시 마찬가지였다. 그 결과로 형성된 것이 정통 교리(orthodoxy)다. 정통 교리는 논리적으로 설명되고, 법제화 형식으로 고정되었으며, 협의의 과정을 거쳐 확정되었다. 또한 효율적인 조직을 통해 유지되었다. 그리스-로마 문명은 기독교에 총체적 사고 체계라는 도구를 제공했고, 기존의 규범에서 아무도 벗어나지 않기를 기대했다. 이와 같은 체계가 기독교와 접촉하면서 그리스-로마적 특징이 불가피하게 기독교에 영향을 미치게 된 것이다.

세 번째 단계 : 이민족 시대

그리스-로마 문명은 오랜 세월 두려움 속에서 유지되어 왔다. 이는 제국의 중심이 약화될 수 있다는 우려와 지나치게 확장된 제국의 경계가 무너져 이민족이 유입될 것이라는 불안 때문이었다. 기독교 박해 시대를 살았던 터툴리안은 예수님이 무기를 들지 말라고 하셨다는 이유로 기독교의 군 복무를 반대했지만, 동시에 제국의 안녕을 위해 기도했다. 그는 로마 제국의 붕괴를 요한계시록에 등장하는 대환란(the Great Tribulation)의 시작으로 보았기 때문이다. 로마라는 기독교 제국에 속해 있던 사람들에게 이민족의 승리는 바로 기독교 문명의 종말과 동의어로 여겨졌다.

그리스-로마 기독교 시대의 종말을 초래한 두 가지 큰 사건이 있었다. 하나는 오래전부터 예견되었던 서로마 제국의 멸망이었다. 이민족의 침략으로 제국은 결국 무너졌다. 다른 하나는 누구도 예측하지 못했던 사건으로, 아랍 세력이 전 세계적으로 부상하면서 가장 오래되고 융성했던 동유럽 교회를 점령한 사건이었다. 이 두 사건으로 그리스-로마 기독교는 역사 속으로 사라졌다. 그럼에도 기독교가 지구상에서 완전히 사라지지 않았던 이유는, 기독교 복음이 로마 제국의 국경을 넘어 이민족들에게 전파되었기 때문이다. 아이러니하게도 기독교는 한때 기독교 문명의 파괴자들이라고 여겨졌던 이민족들의 세계로 점차 퍼져 나갔다. 이렇게 해서 기독교는 세 번째 단계, 이른바 이민족 시대에 접어들게 되었다. 이는 기독교의 중심이 시의적절하게 이동한 또 한 번의 사례였다. 그리스-로마 문명을 중심으로 한 기독교인들은 수 세기에 걸쳐 쇠퇴와 타락을 경험했지만, 기독교가 새로운 문화권으로 확산되면서 생존할 수 있었다.

이민족과 헬라 문화의 차이는 유대 문화와 헬라 문화의 차이만큼이나 컸다. 그러나 이민족들은 그리스-로마 문명의 종교였던 기독교를 받아들이는 과정에서 기독교와 함께 전달된 문화적 유산도 기꺼이 수용했다. 이들은 자신들의 전통적인 범신론 사상을 성경의 하나님 신앙으로 바꾸었으며, 그들의 언어와 개념은 그리스-로마적인 개념과 상호작용하며 변화를 겪었다. 하지만 이민족 시대의 기독교는 교부 시대의 단순한 연장이 아니었다. 그들의 기독교는 새롭게 창조된 기독교였다. 헬라 기독교가 도시 중심의 문화적, 지적, 기술적 전통에 기반을 두고 있었다면, 이민족 기독교는 농업 중심의 거칠고 불확실한 삶을 토대로 형성되었다. 그들이 헬라 기독교 세계의 개념들을 빌려왔을지라도, 삶의 방식은 농경 문화에 뿌리를 두고 있었다. 종교는 '개념'과 '삶의 방식' 혹은 '태도'라는 두 요소가 복합적으로 결합해 형성된다. 이민족 기독교인들도 이전 세대처럼 자신들만의 방식으로 기독교 신앙을 받아들이고 이를 재구성했으며, 이는 이후 세대의 기독교에도 지속적으로 영향을 미쳤다.

만약 두 번째 단계가 '정통'이라는 개념을 만들어냈다면, 세 번째 단계는 '기독교 국가'(Christian nation)라는 개념을 탄생시켰다. 그리스-로마 시대의 기독교인이었던 로마 황제는 교회를 세우고, 이단을 처벌하며, 그리스도를 믿도록 법률을 제정하고 자신을 그리스도의 대리자로 여겼다. 그러나 이민족의 부족 국가들은 로마의 황제가 제정했던 법률보다 훨씬 더 강력한 규범인 관습을 따랐다. 관습은 지역 공동체에서 태어나는 모든 사람을 하나로 묶는 역할을 했다. 공동체의 관습에서 벗어나는 것은 상상하기 어려운 일이었다. 따라서 기독교를 받아들이는 결정이 공동체 차원에서 내려지면, 비록 시간이 걸리고 논란이 있을지라도 그 결정은 모든 구성원을 강하게 구속하는 확실한 위력이 있었다.

한 공동체는 하나의 관습을 가진다. 이는 강력한 통치자가 자신의 결정을 받아들이도록 강요하는 것과는 차원이 다르다. 예를 들어, 아일랜드의 경우 중앙 집권적인 권력이 없는 상태에서 공동체 차원에서 민주적인 방식으로 기독교를 받아들이기로 결정을 내렸는데, 이는 모두에게 영향을 미칠 수밖에 없다. 물론 아일랜드 의회에는 기독교인이 아닌 사람들도 있었고, 그들 중 일부는 이 결정에 대해 비통함과 배신감을 느꼈을지도 모른다. 그러나 공동체를 분열시킬 정도로 기독교에 강하게 반대하는 사람은 없었다. 이들에게 종교는 공동체를 하나로 묶는 관습에 불과했다. 따라서 한 공동체에는 하나의 교회만 존재해야 한다는 생각이 자연스러웠다. 이러한 특성 덕분에 이민족 기독교는 '기독교 국가'라는 개념을 발전시킬 수 있었다. 일단 '기독교 국가'라는 개념이 자리 잡자 새로운 해석이 등장했다. 그것은 기독교 국가를 이스라엘과 동일시하는 해석이었다. 국가와 교회가 동일한 경계를 가지는 상황에서, 해당 국가의 경험은 이스라엘의 역사적 관점에서 해석될 수 있었다. 이러한 해석 방식은 서구 기독교 문화에서 깊이 자리 잡았으며, 오늘날의 다원화 시대에서도 이러한 사고방식은 여전히 지속되고 있다.

네 번째 단계 : 서유럽 시대

기독교 신앙과 실천은 그리스-로마 시대와 북방 이민족 문화권을 거쳐, 서유럽 및 중부유럽에 이르러 매우 체계적으로 발전하게 되었다. 동로마 제국이 수 세기 동안 헬라 기독교를 유지해오다가 결국 회교도들에 의해 붕괴되자, 유럽 양식이 혼합된 새로운 기독교가 등장하게 되었다. 유럽식 기독교는 16세기 종교개혁을 통해 근본적인 수정을 거치게 된다. 특히 개신교는 성경을 지역 언어로 번역함으로써 모든 인간이 하나님의 말씀을 직접 접할 수 있음을 강조했다. 이는 당시로서는 급진적인 혁신이었다. 반면 가톨릭교회는 보편성을 강조하며 유럽 지성사와 사회사 그리고 그리스-로마 문화의 전통에서 그 근거를 찾으려 했다. 개신교와 개혁된 가톨릭 모두 서유럽 문화에 뿌리를 두고 있었지만, 각각 서유럽의 북부와 남부 문화를 반영하고 있었다는 점에서 차이가 있었다.

이 시기 서구 사회에는 한 가지 요소가 더 개입되는데, 그것은 기독교에 도전하며 기독교 신앙의 재형성을 요구한 개인주의 의식의 대두였다. 이전 이민족 기독교는 공동체 차원의 결정과 그에 대한 전폭적인 순종을 특징으로 했지만, 서구 지성계에서는 그와 같은 혈연적 정체성에서 벗어나 독립적이고 주체적인 개인을 강조하는 사고방식이 부상했다. 서구 기독교는 이러한 개인주의를 수용하며, 신앙이 개인의 선택과 실천에 기반을 둔다는 개념으로 발전했다. 이는 오늘날 서구 기독교의 주요 특징 중 하나로 자리 잡았다.

다섯 번째 단계 : 유럽의 팽창 및 기독교 쇠퇴 시대

이제 서구 기독교는 유럽 팽창의 시대라는 새로운 단계로 접어들었다. 이 시기 유럽 국가들은 앞다투어 자국의 식민지를 확장하고, 대규모 이민을 통해 다른 대륙으로 퍼져 나갔다. 20세기에 이르러 유럽인들은 전 세계의 많은 지역을 점령하고 지배했다. 이 시기에 기독교는 본질적으로 유럽인들의 종교였다. 이 시기를 기독교 역사 전체의 맥락에서 보면, 두 가지 주목할 만한 현상이 있다. 첫 번째는 유럽 지역에서 기독교가 상당히 퇴보하기 시작했다는 점이다. 처음에는 이 현상의 의미가 명확하지 않았다. 쇠퇴가 규칙적이거나 일관되지 않았기 때문이다.

기독교의 쇠퇴는 16세기에 시작되어 18세기에 두드러지기 시작했다. 그러나 18세기와 19세기동안 기독교의 약진이 있었는데, 이는 기독교의 쇠퇴를 어느 정도 막는 역할을 했다. 특히 미국의 신흥 도시들에서는 놀라운 부흥도 일어났다. 하지만 20세기에 들어 기독교의 쇠퇴 속도는 급격히 빨라졌다. 200여 년간 기독교가 쇠퇴하리라는 많은 예견이 있었지만 그럼에도 이러한 쇠퇴에 많은 사람이 놀랐다. 하지만 20세기에 들어 유럽을 상징하는 유럽 문화의 원천인 대도시들에서 복음화가 전혀 이루어지지 않은 사실이 명확해졌다.

이 기간에 있었던 중요한 두 번째 현상은 기독교가 유럽의 경계를 넘어 수많은 민족과 나라로 이식되었다는(cross-cultural transplantation) 점이다. 1920년 무렵까지만 해도 이것은 그다지 주목할 정도의 현상으로 보이지 않았지만 지금은 거대한 흐름으로 자리 잡았다. 한 세대 안에 전 세계를 복음화시키겠다는 높은 희망(1910년 에든버러 세계 선교 대회의 모토 - 옮긴이)은 제1차 세계 대전의 참호 속에서 좌절되었지만, 오늘날 우리는 그 희망이 열매가 맺히고 있음을 목격하고 있다. 기독교의 씨앗은 남반구 대륙에 뿌려졌고, 머지않아 풍성한 열매를 맺게 될 것이기 때문이다. 이제 모든 식민제국은 사라졌으며 유럽의 세계 주도권도 무너졌다. 동시에 유럽 기독교의 쇠퇴도 가속화되고 있다. 우리는 기독교의 새로운 시대가 도래하는 문턱에 서 있다. 이제는 이전에 그랬던 것처럼 남반구를 중심으로 남반구 대륙의 문화와의 교류를 통해 기독교가 재형성될 것이다. 이렇게 문화의 경계를 넘어 기독교는 생명력을 이어가게 된다.

여섯 번째 단계 : 타 문화 전달 시대

이제 타 종교들과 비교해 기독교의 독특한 역사를 살펴보자. 힌두교는 자신들의 종교가 지구상에서 가장 오래된 종교라고 주장한다. 물론 아주 틀린 말은 아니다. 힌두교는 이스라엘이 애굽에서 탈출하기 전부터 갖고 있던 요소들을 지금까지도 유지하고 있다. 긴 세월 동안 힌두교의 지리적·문화적 중심지는 거의 변하지 않았다. 물론 아리안족과 같은 외부의 침입, 석가모니의 출현과 불교의 창시, 기독교와 이슬람교의 유입 등 여러 외부 영향을 받았지만, 여전히 같은 신앙과 장소에 머물러 있다. 외부로부터 다양한 영향을 흡수하면서도 여전히 다른 종교에 흡수되지 않고 고유성을 유지해왔다.

반면 기독교는 역사 전반에 걸쳐 문화적 경계를 넘어 확산되었다. 종종 새로운 지역이 기독교의 중심지로 부상하며 기독교의 생명력을 이어갔다. 기독교는 새로운 문화와의 교류를 통해 끊임없이 재형성되었다. 이러한 전파가 없었다면 기독교 역사를 회고해 볼 때, 기독교 신앙은 이미 사라졌을지도 모른다. 기독교는 역사의 각 단계마다 새로운 문화로 들어가면서 새롭게 형성되어왔다. 우리가 하나의 이슬람 문화 혹은 하나의 이슬람 문명을 말하는 것과 같은 차원에서의 '기독교 문화' 혹은 '기독교 문명'은 존재하지 않는다. 역사상 이미 여러 형태의 기독교 문명들이 존재했고 앞으로도 더 다양한 기독교 문명들이 나타날 수 있다.

기독교 신앙의 이러한 확장과 재형성이 가능했던 이유는 무한한 번역 가능성(translatability) 때문이다. 이슬람교도 세계적으로 전파되었음에도 불구하고 하나의 회교 문화만 존재할 뿐이다. 그들 경전인 코란은 번역되지 않는다. 이와 달리 기독교의 경전인 성경은 얼마든지 번역이 가능하다. 기독교 신앙의 핵심인 하나님의 위대한 역사, 즉 말씀이 육신이 되어 우리 가운데 거하신 사건 자체가 번역의 행동이었다. 성경의 번역 가능성은 모든 문화의 내부에서 예수님과 접촉점을 찾을 수 있다는 것이다. 각 문화권에서 사람들은 자신들만의 긴급한 질문들을 가지고 기독교 신앙과 만나게 되며, 기독교는 각 시대와 장소의 맥락에서 새롭게 이해되고 표현된다.

역사적 기독교의 다양성과 통일성

1세기부터 20세기까지, 각 시대와 지역을 대표하는 기독교인들을 고른다면 (각 지역을 대표하여) 그들 사이에는 어떤 공통점이 있을까? 먼저 차이점을 살펴보면, 기독교의 정체성을 결정하는 요소들 가운데 우선순위가 각 시대마다 달랐을 것이다. 다른 정도가 아니라, 심지어 어떤 시대의 기독교인들에게 가장 중요한 질문이 다른 시대의 기독교인들에게는 참을 수 없거나 신성모독처럼 여겨질 수도 있다. 서구 기독교의 전통을 예로 들어보자. 회당에서 예배를 드리던 유대 기독교인, 헬라 교부, 켈트의 수도승들, 독일의 종교개혁자, 영국의 청교도, 빅토리아 시대의 교인들 등 이들 각자의 기독교 신앙을 어떻게 비교할 수 있을까? 이처럼 다양한 모습 속에서도 하나의 통일성이 존재한다고 믿는다. 그러나 그 통일성을 명제나 교리의 양식으로 진술하기는 쉽지 않다. 교리 자체가 특정 시대의 기독교 문화의 산물이기 때문이다. 그럼에도 모든 시대와 문화를 초월해 모든 기독교인이 공유하는 확신이 있다. 이를 다음과 같이 정리할 수 있다.

첫째, 이스라엘의 신(神)을 예배하는 것이다. 기독교인은 창조자이자 심판자이신 유일하신 하나님을 예배한다. 이 하나님은 의를 행하시며, 모든 인류가 경배해야 할 분이다. 이러한 신앙은 기독교가 역사적 사건에 근거한 종교임을 보여준다. 이 신앙을 통해 기독교인들은 자신과 매우 다른 역사와 문화를 가진 다른 기독교인들과 연결되어 있음을 확인하게 된다. 또한 이는 자신들의 사회나 공동체 바깥에 살고 있는 다른 기독교인들과도 접촉점을 제공한다.

둘째, 나사렛 예수님의 절대적 중요성이다. 이것이야말로 기독교의 외곽에서 일어났던 다양한 이단적 운동들 혹은 그리스도의 역사적 실존만 인정하는 타 종교들과 역사적 기독교를 확연히 구분하는 시금석이다. 앞서도 말했지만, 나사렛 예수님의 중요성을 하나의 교리로 영원히 고정시키려는 시도는 한계가 있다. 그러한 신조나 교리는 특정 시대와 문화를 반영한 것이며, 기존의 신조와 교리를 대체하는 또 다른 신조나 교리가 만들어질 수 있다. 비록 그러한 교리나 신조가 채택되고 전통으로 자리 잡는다 해도, 그 어휘나 개념들에 대한 문화적 맥락이 없는 후대 기독교인들에게는 큰 영향을 주지 못할 것이다. 각 문화는 나름대로 절대자에 대한 이해를 가지고 있으며, 메시아인 예수님은 모든 사람에게 바로 그 절대자가 되신다.

셋째, 기독교인이 있는 곳에 여호와 신이 역사하신다. 넷째, 기독교인은 시간과 공간을 넘어서는 하나님의 백성으로서 자신을 인식한다. 기독교 역사 전체를 통틀어보면, 이와 같은 공통의 확신이 기독교 전통의 근간을 이루고 있음을 알 수 있다. 기독교의 다양성은 각 시대와 문화 속에서 기독교인들이 자신들만의 사유체계와 세계관을 통해 복음에 반응할 수밖에 없기 때문에 발생하는 현상이다. 기독교의 다양성은 기독교인들이 자신들만의 사유체계와 세계관을 통해 복음에 반응한 결과로 나타난다. 이러한 공유된 확신과 더불어, 기독교 역사 속에서 유지되어온 공통의 제도들이 있다. 가장 두드러진 예는 성경을 읽는 전통과, 빵과 포도주 그리고 물을 특별하게 사용하는 성찬식이다.

남반구 문화와 기독교의 미래

기독교 신앙은 다시금 새로운 문화의 환경 속으로 들어가고 있다. 아프리카, 태평양 연안, 아시아의 일부 지역이 여기에 해당된다(남미의 상황은 매우 독특하고 복잡하여 여기서는 언급하지 않기로 한다). 우리가 목격하는 현상은 이들 남반구 지역에서 형성되는 기독교의 새로운 모습들이 기독교의 흐름을 주도하는 양식으로 자리 잡고 있다는 사실이다. 이는 서구 기독교인들이나 과거의 기독교인들이 상상하지 못했던 주제와 관심사가 등장할 것임을 의미한다. 기독교는 언제나 당대를 살던 사람들의 가슴에 가장 절실했던 문제들에 대해 예수님으로부터 해답을 구해왔다. 그리고 그 해답은 사람들에게 익숙한 사유의 틀과 구조를 통해 얻었다.

사람들의 세계관은 시대와 민족에 따라 각기 다르다. 과거 기독교인들에게 가장 중요했던 주제가 오늘날에도 동일하게 중요하다고 단정해서는 안 된다. 예를 들어, 이전 시대의 기독교인들은 정통성, 기독교 국가, 개인적 양심의 우월성 등과 같은 개념들을 통해 기독교를 이해했고 복음을 전파했다. 하지만 오늘날의 기독교인들에게는 그러한 개념이 덜 중요하게 여겨질 수 있다. 초기 유대 기독교인들은 헬라 기독교인들이 이스라엘의 가장 소중한 자산인 율법과 그 가르침들에 대해 이상하리만치 냉담하다고 느꼈을 것이다. 또한 헬라 기독교인들이 몰두했던 복잡한 기독론 논쟁에 대해서는 혼란스러움을 느꼈을 것이다. 이러한 현상은 각 시대와 민족의 세계관이 복음과 만나 변화되면서도, 여전히 그들의 고유한 특징을 유지하기 때문에 발생한다.

이와 같은 과정이 오늘날 남반구에서도 진행되고 있다. 기독교 배경이 아닌 다른 종교와 전통문화 속에서 살고 있는 기독교인들은 지금까지 진행되어온 기독교 역사를 통해 그 방향을 잡을 수 있을 것이다. 이들은 이스라엘의 하나님을 경배하고, 예수님의 궁극적 중요성을 인정하며, 신자들의 삶 속에 하나님께서 역사하고 계심을 믿는다. 시간과 공간을 넘어 하나님 나라의 백성이 존재함을 인정하며, 성경을 읽고 성찬을 시행하는 전통을 이어간다. 이 글에서 나는 한 가지 중요한 주제를 다루지 않았다. 그것은 바로 기독교가 문화의 경계를 넘어 전파되었고, 그 과정에서 새롭게 형성되고 변화했다는 사실이다. 이러한 변화는 '기독교의 번역 가능성'이라는 위대한 원리 때문에 가능했으며, 예수님의 성육신과 성경 번역이 이를 증명해준다.

이것은 에베소서 4장에서 바울의 비전, 즉 우리가 함께 그리스도의 장성한 분량에 이르러야 한다는 비전과 연결된다. 바울은 인류의 다양성이 오히려 그리스도의 장성한 분량이 완성할 수 있는 조건이라고 보았다. 이 이미지는 개인주의적 세계관이 핵심인 서구인들에게는 쉽게 이해되지 않을 수 있다. 그러나 바울은 기독교가 이방인들에게 전파되는 것뿐만 아니라, 예수님을 통해 두 영역이 하나로 합쳐지는 데 큰 영감을 받은 듯하다. 그는 자신이 복음 전파에 주도적인 역할을 했지만, 복음이 이방인들에게 널리 전파되어 새로운 모습으로 탈바꿈하리라는 사실까지는 미처 예견하지 못했다. 예를 들어, 유대인과 이방인은 오랜 세월 함께 식사하지 않았는데, 그것은 여호와의 언약을 어기는 행위로 간주되었기 때문이다. 하지만 이제 그들은 예수님 안에서 함께 식사를 한다.

사실상 그런 문제를 가지고 고민해야 했던 시대는 그리 오래가지 않았다. 바울의 시대가 지나고 얼마 지나지 않아 교회에서는 오히려 이방인들이 주류가 되었고, 많은 지역에서 유대인 기독교인들을 찾아보기가 어려워졌다. 초기에는 기독교가 유대인들의 관심사였지만, 후에는 이방인들의 관심사가 되었다. 기독교 역사의 초창기에 둘이 하나가 되는 일이 실제 삶 속에서 일어났다. 사람들을 갈라놓던 벽이 허물어졌고 화해할 수 없을 것 같던 사람들이 화해를 했다. 이런 변화는 단순히 역사상 과거에 일어난 일회적 사건이 아니다. 그것은 기독교가 탈바꿈하는 과정에서 계속 반복되어왔다. 서로 다른 언어와 역사 그리고 문화를 가진 민족들이 예수님 안에서 서로의 차이를 인정하며 화합한 것이다.

서로 다름을 인정한다는 것은, 한 민족이 다른 민족의 사고방식, 행동 양식 또는 신앙 패턴을(그것이 아무리 거룩한 것이라 할지라도) 그대로 답습하거나 강요해서는 안 된다는 뜻이다. 그것은 이방인을 유대인으로 만드는 일이며, 성경이 가르치지 않는 다른 복음을 전하는 것과 같다. 메시아 예수님께 속한 하나님 나라의 백성은 예수님이 직접 다스려야 한다. 이것은 각 민족이 자신들의 문화와 집단적 사유 구조 안에서 예수님을 만나고 예수님께 복종해야 한다는 뜻이다. 그래야 비로소 각 민족에 속해 있는 기독교인들이 스스로 기독교인이라는 분명한 정체성을 가질 수 있다.

기독교 신앙은 앞으로도 새로운 문화를 만나게 될 것이다. 그리고 교섭 과정을 통해 누구에게나 마치 '고향처럼 편안하게 느낄 수 있는 공간'을 형성하게 될 것이다. 그러나 우리만 편안하고 다른 문화에 속한 기독교인들에게는 불편함을 주는 그런 공간을 만들어서는 안 된다. 이 땅에 우리의 영원한 거처는 없다. 모든 가련한 죄인들이 예수님을 만나고 예수님과 화해할 뿐만 아니라, 서로를 인정하고 화해해야 하기 때문이다. 이 과정이야말로 진정한 하나님 나라를 이루는 길이다.

2장

복음의 토착화, 그 무한한 가능성

라민 싸네 (Lamin Sanneh)

    일반적으로 사람들은 복음과 문화를 서로 대립적인 관계로 이해하는 경향이 있다. 이에 따라 복음은 문화와 섞여서는 안 되며, 그래야 문화의 영향을 받지 않은 '순수한' 복음을 접할 수 있다고 가정한다. 하지만 이것은 양파 껍질을 다 벗기면 속이 나올 거라고 생각하는 것처럼 불가능한 일이다. 문화와 완전히 분리된 '순수한' 복음은 모호한 추상적 개념에 지나지 않으며, 그런 복음은 결국 힘을 잃고 무의미해질 가능성이 크다. 반면 복음이 본질적 능력을 상실한 채 문화와 교섭하면 본질을 잃고 단순한 문화적 이념으로 변질될 위험이 있다. 우리의 과제는 복음과 교섭하게 되는 문화 요소들을 무시하지 않으면서, 복음의 내재적이고 본질적인 능력을 유지하는 방안을 찾는 것이다. 기독교는 기본적으로 문화와 밀접히 교섭할 수밖에 없는 특성을 가지고 있으며, 몇 가지 사실이 이를 뒷받침한다.

첫째, 기독교는 타 종교들과 달리 최초 발생지가 오히려 변두리로 바뀌었다. 오순절 사건과 안디옥 교회의 급속한 성장 이후, 기독교의 중심지가 예루살렘과 베들레헴으로부터 점점 멀어진 것이다. 그 결과 한때 약속의 땅으로 여겨지지 않았던 이방인들의 땅이 기독교의 새로운 중심지가 되었다. 그 때문에 오늘날의 기독교인들은 지상의 특정한 땅을 '약속의 땅'으로 지칭하지 않는다.

둘째, 기독교는 독특하게도 예수님이 원래 사용하셨던 아람어가 아닌 코이네(Koine), 즉 표준 그리스어와 통속적인(vulgar) 라틴어를 교회의 언어로 채택했다. 신약성경이 예수님이 사용한 아람어가 아닌 헬라어로 기록된 사실이야말로 언어의 혁명이라 할 수 있다. 이것은 기독교 자체가 본질적으로 문화의 경계를 넘는다(cross-cultural)는 것을 의미한다.

또 한 가지 놀라운 사실은 하나님의 영원한 경륜이 인간의 평범하고 일상적인 언어로 전달되었다는 점이다. 예수님이 가르치신 기독교는 하나님의 비밀스러운 계획을 드러낸 것이며, 기독교인의 신앙은 그러한 경륜(經綸)이 평범한 사람들을 통해 이루어졌음을 증언하는 것이다. 기독교는 결국 평범한 사람도 기독교의 진리를 이해할 수 있고 또한 이해할 수 있어야 한다는 관점을 기반으로 하며, 이것은 사회적 또는 문화적 각성이라는 매우 중요한 결과를 가져온다. 곧 인간 사회에서 일어나는 모든 일이 하나님의 우주적 계획과 동떨어져 있지 않다는 것을 의미한다.

이제는 국제무대에서 두각을 나타낼 가능성이 전혀 없는 무명의 부족이라도 그들만의 토착적인 특성을 살리면 국제적으로 인정을 받을 수 있는 시대로 변화하고 있다. 기독교 선교 또한 성경을 부족 언어로 번역하는 과정을 통해 부족 문화의 고유성을 기독교 세계로 받아들이고, 부족민에게는 자기 정체성에 대한 의식을 고양시키는 역할을 해왔다. 또한 기독교는 예수님의 동의나 신약성경의 인정 없이 다양한 명칭을 사용하는 독특한 모습을 보인다. 기독교 안에는 각종 교단과 종교 단체들이 존재하는데, 이러한 현상 역시 다른 종교와는 전혀 다른 모습이다. 예를 들어, '무슬림'(Muslim)이란 말은 문화, 관습, 역사, 언어 및 국적과 상관없이 이슬람을 신봉하는 모든 사람에게 붙여지는 이름이다. 그런데 기독교인들은 자신들의 신앙적 정체성을 나타내기 위해 성공회, 시온주의자, 장로교인 및 그 밖에 많은 다른 명칭으로 자신을 소개한다. 기독교에서 목격되는 이런 현상은 기독교의 번역 가능성(translatability)이라는 맥락에서 이해해야 한다.

기독교의 이러한 독특성은 복음과 문화의 관계를 이해하는 데 중요한 단서를 제공한다. 흔히 서구 사회에서 복음과 문화가 만나 교섭하는 것은 바람직한 현상으로 여기지만, 비서구 세계에서는 기독교 신앙에 해로운 부정적인 것으로 간주되는 경향이 있다. 그러한 인식 때문에 서구 기독교 선교가 서구 문화와 결합된 복음을 비서구 세계로 가지고 들어와 주입했다는 비판을 받는다. 그러나 논리적으로 생각해보면, 서구 사회에서 기독교가 서구 문화와 성공적으로 결합한 현상은 비서구 세계에서도 충분히 가능함을 시사한다. 반대로 기독교가 서구 문화의 영향을 받아 변형되었다면 그와 동일한 현상이 조만간 비서구 세계에서도 일어날 수 있는 것이다. 이것은 문화가 복음의 동반자가 될 수도, 적이 될 수도 있음을 보여준다. 서구나 비서구 사회 모두 공통적으로, 그 사회의 문화에는 복음 이해를 돕는 요소와 방해하는 요소를 동시에 내포한다. 우리는 먼저 복음의 진보를 돕는 문화적 요소들을 살펴보고, 그다음 복음에 부정적인 영향을 미치는 요소들을 검토할 것이다. 끝으로 긍정적인 요소와 부정적인 요소를 종합해 그것의 신학적 의미를 찾아보려고 한다.

복음과 문화의 긍정적 만남

기독교가 문화적 토대 위에 세워져 있음을 가장 설득력 있게 논증한 인물은 독일 신학자 에른스트 트뢸취(Ernst Troeltsch)였다. 그는 자신의 저서 「기독교의 절대성」 *The Absoluteness of Christianity*에서 "기독교가 서구 문화요, 서구 문화가 기독교라고 말할 수 있을 정도로 양자는 구분되지 않는다"고 주장했다. 이 말에는 두 가지 부정적인 의미가 담겨 있다. 첫째로, 기독교가 특정 문화와 지나치게 결합한 결과, 타 문화권으로의 전파가 어렵게 되었다는 점이다. 둘째로, 비서구인이 기독교인이 될 때 '기독교화'뿐만 아니라 '서구화'라는 이중의 부담을 감당해야 한다는 것이다.

트롤취의 견해는 동시대 서구 학자 세 명에게 비판받았다. 역사가 아놀드 토인비(Arnold Toynbee)는 '기독교의 서구화'가 기독교의 역사적 발전 과정의 한 단계일 뿐이라고 역설했다. 그는 기독교가 헬라 문화와 접목된 것을 서구 기독교의 패러다임 전환으로 해석했다. 그리고 초기 기독교 4세기 동안 주도했던 헬라 형이상학이 오늘날 현대인들에게는 유효하지 않다고 주장했다. 그는 과학의 발전과 그 영향으로 인해 복음 해석에 새로운 전환이 일어나게 되었다고 보았다. 그리고 새로운 형태의 문화와 문명의 등장으로 서구 사회 자체가 상대화되는 과정에 있다고 말했다. 이렇게 기독교와 서구 문화를 분리시켜서 봐야 한다는 토인비의 입장은 또 다른 비판의 대상이 되기도 했다. 그렇지만 서구 사회가 더 이상 이 세상을 향한 하나님의 구원 계획을 독점하지 못한다는 그의 논리는 누구도 반박하기 어려웠다.

이와 동일한 관점을 제시한 역사학자가 바로 윌리엄 거섬 콜링우드(William Gershom Collingwood)다. 그는 기독교의 영향력이 감소하면서 그리스-로마적인 유산 위에 세워진 서구 사회가 더 이상

세계의 중심이 아니며, 역사 흐름에 있어 코페르니쿠스적 혁명이 일어나고 있다고 지적했다. 그는 "인류를 향하신 하나님의 계획이 전 세계 구석구석까지 미치게 되었"으며 "그 결과 그리스-로마 역사의 인본주의와 실체주의(substantialism) 그리고 지역주의를 극복할 수 있게 되었다"고 보았다. 기독교의 전 세계 확장이라는 맥락에서 서구의 위치를 다시 정의한 학자는 윌리엄 어니스트 호킹(William Ernest Hocking)이다. 그는 '세계 문화의 등장'이라는 주제로 쓴 논문에서, 서구사회의 경험은 전체 인류의 다양한 경험 가운데 한 부분이며, 서구식 제도들은 상대적이라는 관점을 제시했다. 세계 역사에서 서구 사회의 의미가 상대화되고 있음을 지적한 또 다른 학자들로는 마셜 호지슨(Marshall Hodgson)과 에드워드 카(E. H. Carr) 등이 있다.[1]

모든 종교는 문화와 결합되어 있는데, 기독교는 특히 그런 특성이 강하다. 이 사실은 우리에게 매우 중요한 지적 유산을 남겨주었다. 교회는 문화를 증진시키는 역할을 해왔으며, 기독교와 문화 사이의 결합을 더욱 촉진시켜주었다. 또한 라틴어를 보전함으로써 서구 전통을 유지하고 수호했다. 좀 다른 경우지만 카롤링거 왕조 시대에는 현지어(vernacular) 사용이 권장되기도 했는데, 이를 대표하는 인물이 오트프리트 폰바이센부르크(Otfrid von Weissenburg)다. 그는 일상적 목적이나 종교적 목적 모두에 현지어를 사용하도록 권장했다. 오프리드는 당시 학식 있는 사람들에게 관심을 기울였고, 그들로 하여금 현지어로 더 많은 독서를 하도록 격려했다. "더 나아가 그는 학문과 경건과 기술을 결합했다. 게르만 세계에서 그러한 규모로 그러한 결합을 시도한 인물은 없었다. 오트프리드는 전사들의 정서, 충성 및 복종, 주군-신하의 관계 등 게르만 정신세계 안에서 움직였다."[2] 그가 선언문처럼 쓴 몇 개의 글에는 현지어를 장려하는 내용이 있다. 크리스토퍼 도슨(Christopher Dawson)이 입증한 것처럼, 로마 문화가 교회 전체를 평정했던 시대에도 북유럽의 기독교는 현지 언어와 문학을 장려하는 역할을 했다.[3] 초대 기독교인들은 기독교 자체가 문화적 다원성을 가진 종교임을 잘 알고 있었고, 그것을 전혀 이상하게 생각하지 않았다. "순교자 저스틴(100-165년)은 어느 한 인종도 예외 없이, 야만인이나 헬라인이나 정처 없이 떠돌며 사는 유목인이나 유랑민이나 그 어떤 인종이라 할지라도, 십자가에 달리신 그리스도 예수님의 이름으로 창조주 하나님 아버지께 기도할 수 있다고 말했다."[4]

트라야누스[Trajanus, 로마 제국의 13대 황제(98-117년)] 황제에게 보낸 그 유명한 서한에서 소(小) 플리니우스(Plinius, 고대 로마의 문학가이자 법조인이자 자연 철학자이며 행정관)는 기독교 안에 엄청난 사회적 다양성이 존재하며, 따라서 기독교의 확산과 흡입력을 억제하기가 극히 어렵다고 썼다. 또한 그는 기독교가 기존의 오랜 전통들에 활기를 불어넣는 역할을 하고 있다는 것도 언급하고 있다. 글의 일부를 보자.

모든 연령 및 모든 계층의 사람이 남녀를 불문하고 심각한 위험에 직면할 것입니다. 그 전염병 같은 미신이 도시뿐만 아니라 마을과 촌락까지 오염시켰습니다. 그러나 그 미신을 억제하고 수정하기는 힘들 것 같습니다. 어쨌든 그동안 버려졌던 사원들을 사람들이 다시 방문하기 시작했고, 오랫동안 잊혔던 전통 축제들도 다시 부활하고 있습니다. 여태 희생 제물을 드리는 일이 없었는데 사람들이 다시 제물을 사기 시작했습니다.[5]

주후 124년 어간에 쓰인 것으로 보이는 익명의 「디오그네투스에게 보낸 편지」 Epistle to Diognetus 에서는 기독교의 문화적 다양성을 보다 적극적으로 언급하고 있다.

> 기독교인과 다른 사람들과의 차이는 국적, 언어, 관습의 차이가 아닙니다. 기독교인들은 자기들만의 도시를 만들어 따로 떨어져 살거나, 자기들만의 언어를 사용하거나 별난 생활방식에 따라 사는 그런 사람들이 아닙니다. …… 기독교인들은 헬라 마을이든 외국 마을이든 자기가 속한 마을에서 삽니다. 또한 옷 입는 것이나, 식사 및 다른 행동에 있어서도 현지 일반인들과 전혀 다르지 않습니다. …… 그들은 자기 나라의 주민입니다. …… 그들은 시민으로서 역할을 다합니다. …… 그들에게는 어느 외국도 모국이요, 어느 모국도 외국입니다.[6]

기독교는 문화의 다양성을 살리는 원동력이 되었다. 마치 우상을 파괴하듯 현지 문화를 무자비하게 파괴하는 원흉이라는 일반적인 관점과 정반대였다.

복음과 문화의 부정적 만남

18세기 역사학자 에드워드 기번(Edward Gibon)은 로마 제국에 관한 그의 저서에서 기독교가 고질적인 지역주의를 도입하고 또한 각 지방마다 완고한 교단주의를 배양함으로써 로마 제국의 붕괴에 치명적인 영향을 미쳤다고 주장했다. 더 나아가 황제에 대한 기독교들의 태도에 체제 전복적인 동기가 숨어 있었다는 주장도 했다. 그의 말에 따르면, "기독교인들은 로마 제국에서 발생하는 모든 재난을 멸망하는 제국의 불가피한 증세로 여겼다."[7]

기번은 계몽적인 문화 발전에 기독교는 적이라고 간주하며, 나비가 번데기를 버리고 탈바꿈하듯이 문화를 갱신하려면 기독교를 버려야 한다고 보았다. 문화 인류학자 프레이저 경(Lord Fraser)도 이러한 기번의 견해를 받아들였다. 그는 부족 연구를 통해 얻은 자료들을 더해 기독교가 이방 종교들과 경계를 마주하고 있다는 점에서 비이성적인 결함을 가진 종교라고 생각했다. 프레이저가 제시한 진화론적 모델에 따르면, 주술, 종교 및 과학은 서로 앞

서거니 뒤서거니 하면서 전개되는데, 결국 종교는 진화의 최종 과정에서 소멸하게 된다고 주장했다.[8]

기이한 일은, 기독교에 대한 이런 터무니없이 부정적 견해가 기독교 신학자들에게 받아들여진다는 점이다. 독일 신학자 울호른(Ulhorn)은 1882년 자신의 글에서, "예수로부터 시작된 새로운 삶의 방식이 강력한 고대 전통 문화와 만났다면 기독교는 고대 사회로 들어가지 못하고 무능력하게 후퇴할 수밖에 없었을 것"[9]이라고 주장했다. 하지만 기독교가 전파되던 당시 고대 사회는 이미 해체 단계에 들어갔기에 기독교가 자리 잡을 수 있었다. 에릭 다즈(Eric R. Dodds) 역시 비슷한 입장을 취하며 다음과 같이 말했다. "로마 시민의 입장에서 생각해 본다면, 그때는 불안과 재난이 빈번했기 때문에 교회는 박해에서 비교적 자유로웠고, 꾸준히 성장할 수 있었으며, 무엇보다도 지적인 도약을 이룰 수 있었다."[10]

이들의 견해에 따르면 로마 제국의 문명이 해체 단계로 들어갔기 때문에, 그런 위기와 재난의 덕택으로 기독교가 어부지리를 얻었다는 결론이다. 다즈는 또한 기독교의 부흥에 대해 다음과 같은 혹독한 평가를 내렸다.

> 3세기 로마와 같이 지적으로 피폐하고, 물질적으로 불안하고, 두려움과 증오가 난무하는 시대에는, 그런 세계로부터 도피할 수 있다는 약속만 있다면, 그 어떤 가르침이라도 사람들의 마음을 끌었을 것이다. 호메

로스의 「일리아스」 2권 아가멤논의 꿈 부분에 나오는 "각자의 나라로 도망하자"는 구절은 플로티누스를 제외한 많은 사람에게 새로운 의미로 다가왔을 것이다. 당시 이 말은 모든 제국 사람의 모토가 되었다.[11]

라투렛 역시 같은 입장에서 "만일 기독교가 활기차고 미래에 대한 확신이 있는 젊은 문화 속에서 태어났다면, 그 운명이 달라졌을지도 모른다"[12]고 주장했다. 그러나 라투렛조차도 기독교가 신플라톤주의처럼 상류층 지지를 받은 사상과 경쟁하며, 그리스-로마 세계의 거대한 문화적·지적 전통과 맞섰음을 인정했다. 어거스틴의 저술이 증명하듯, 이 만남은 기독교에 기회를 제공하기보다는 오히려 도전으로 작용했다. 기독교 전파와 문화의 관계를 부정적으로 보는 이러한 견해에도 불구하고 기독교는 지역 문화를 활성화시키는 데 기여했다. 그러나 많은 이는 여전히 기독교와 문화의 관계를 부정적으로 보고, 기독교의 보편성이 지역적 특이성과 타협한 결과로 평가한다. 이에 대해 기번은 기독교의 '지역화'를 별다른 가치가 없는 것으로 보았다. 그는 서구 기독교가 지나치게 지역적인 특성을 가졌다고 지적하며 다음과 같이 말한다.

> 기독교는 지난 300년 동안 독립적이면서도 기독교와 연관이 있는 과학 및 철학과 끊임없이 교섭해왔다. 이러한 자유로운 교섭을 통해 현대 사회에 영향을 미칠 수 있는 통찰을 갖추게 되었고, 그것이 기독교의 맥

박이 되었다. 그런데 이 모든 과정에서 서구 문화와 결합하면서 기독교의 지역화 경향이 나타나게 되었다. 만일 기독교가 서구의 종교라는 특성을 갖게 된다면 세계 문명의 맥락에서 기독교가 가지는 중요성은, 처음부터 무효가 되는 것은 아닐지라도, 현저히 떨어질 수밖에 없다.[13]

사실상 기독교의 지역화는 기독교의 가장 본질적인 속성이다. 그러한 구체적이고 역사적인 자리매김이 없었다면, 기독교는 실체가 없고 알맹이 없는 추상 개념이나 맛 잃은 소금처럼 무의미한 상태로 남았을 것이다. 스스로 기독교인이라고 부르는 선남선녀의 구체적인 삶을 무시한 채 순수한 교리 체계로만 기독교의 본질을 정의하려는 모든 시도는 바로 이 점에서 문제를 안고 있다. 기독교는 역사적이고 구체적으로 자리매김하는 속성을 통해 문화적 통전성과 상호성을 가능하게 한다. 기독교를 일종의 유엔에 비유한다면, 그 실체를 이루는 근거는 개별 국가에 해당하는 지역적 특수성에 있다고 볼 수 있다.

문화의 신학적 기초

종교와 문화의 관계를 논할 때, 대체로 종교적 진리가 문화와 불가분의 관계에 있다는 사실을 인정하고 강조한다. 즉, 문화와 종교가 단순히 우연히 얽힌 것이 아니라, 종교의 본질적이고 궁극적인 형태가 문화와 결합할 때 비로소 완전한 모습을 드러낸다는 것이다. 이러한 견해에 따르면, 종교 생활에서 문화적 요소는 단순히 종교적 현실을 반영하는 것에 그치지 않고, 오히려 그 현실 자체를 구성하는 역할을 한다. 따라서 기독교의 다양한 문화적 전통은 하나님을 만나는 통로가 되며, 하나님은 그러한 통로를 통해서만 인간의 삶 속으로 들어오신다. 그러나 동시에 하나님과 문화는 밀접하게 연결되어 있으면서도 엄격히 구별된다.

이러한 긴장 관계는 다음과 같은 관점을 가능케 한다. 서로 다른 문화적 배경을 가진 기독교인들은 의미의 차원에서는 동일한 하나님과 관계를 맺지만, 그 관계를 표현하는 방식에서는 차이가 날 수밖에 없다는 것이다. 즉, 하나님과의 관계를 드러내는 문화적 표현 방식에는 필연적으로 차이가 존재한다. 이러한 논점은 신학에 많은 영향을 미쳤다. 그것은 이상적 개념과 그것을 표현하는 문화적 방식이 현실 속에서 불가피하게 충돌하는 일종의 모순을 야기하기도 했다. 문화적 관점과 신학적 관점, 유추와 문자적 사실, 그리고 표상과 실재 사이의 경계가 흐려지면서 '문화적 표현이 하나님을 언급하는 방식이면서 동시에 그 양식 자체가 하나님 자신이 될 수 있는가'라는 근본적인 질문을 제기하게 된 것이다. 다시 말하면, 실체를 표현해주는 문화적 표현 양식이 실체 그 자체가 될 수 있느냐 하는 질문이다. 신학자들은 하나님을 표현하기 위해 문화를 사용하지만, 하나님은 어느 특정한 문화를 통한 이해와 동일시되지 않는다.

결국 모든 문화를 통한 하나님에 대한 이해는 부분적인 것일 뿐, 종합적이거나 완전할 수 없다. 이러한 시각에서 볼 때, 문화는 신앙에 있어 필수적이지만 그것이 곧 신앙의 본질이 될 수는 없다. 즉, 문화를 통해 하나님을 파악하지만 그것이 하나님의 실체와 동일시될 수는 없다.

이와 같은 관점을 받아들이면, 문화의 역할은 한편으로는 위협적이고 다른 한편으로는 애매한 양면성을 띠게 된다. 그것이 위협적인 이유는 어떤 문화도 진리 그 자체와 동일시될 수 없기에 신앙을 왜곡할 위험이 있고, 다른 한편으로는 문화와 진리가 서로 떼려야 뗄 수 없는 불가분의 관계에 있기 때문에 신앙의 전달에서 문화를 무시할 수 없는 딜레마에 처하게 된다. 결론적으로 하나님의 진리가 그것을 설명하는 문화적 양식과 동일시되는 순간, 그것은 더 이상 순수한 진리가 될 수 없다고 말할 수 있다. 그렇다고 하면 모든 문화적 표현 양식을 초월하여 하나님의 진리를 온전히 파악할 수 있는가 하는 근원적인 질문이 또다시 제기된다. 만일 복음이 문화적 양식 없이 전달될 경우, 주관적이고 추상적인 개념으로만 머물 위험이 있기 때문이다.

복음에 대한 문화 통전적 이해는 이러한 양극단을 피한다. 복음에 대한 다양한 문화적 표현을 인정하되, 어느 하나의 양식을 절대적인 기준으로 삼지 않는다. 복음의 관점에서 보면, 모든 문화적·역사적 양식들은 서로 연결되지 않는 에피소드에 불과하다. 그러나 다양한 문화적 양식들로 곳곳에 포진된 기독교인들이 하나로 연결될 수 있는 이유는, 그들을 하나의 공동체로 묶어주는 '믿음'이라는 공통된 요소 때문이다. 이러한 기독교적 문화 이해는 신약성경에서도 발견된다. 초대교회 성도들은 유대교로부터 율법과 회당 제도를 물려받았으나, 그리스도 예수님의 가르침을 통해 하나님께서 모든 문화에 공평하게 역사하고 계신다는 새로운 관점을 받아들이게 되었다. 이러한 새로운 관점의 분수령이 된 사건이 오순절 성령 강림이다. 곧 각 사람이 태어난 곳 방언들이 하나님께 접근할 수 있는 필요충분하고 독립적인 통로로 인정을 받은 것이다.

이것은 문화 혁신에 해당한다. 이를 통해 기독교는 지리적으로 확산되었고 다양한 중심지가 생겨나게 되었다. 기독교는 유대적인 뿌리를 소중히 여기면서도 동시에 다양성을 인정하게 되었다. 기독교의 문화적 다양성에는 다음과 같은 원칙이 있다. 어느 문화라도 기독교 진리에 대한 배타적인 규범이 될 수 없으며, 동시에 어떠한 문화도 본래부터 부정하거나 열등하지 않다는 점이다. 따라서 기독교 안에서는 유대인, 이방인, 야만인, 키프리스인, 아랍인, 고트족, 에티오피아인, 콥트족 및 그 어느 민족 누구라도 동일한 자격으로 하나님 앞에 서게 된다. 아퀴나스는 초대교회 교부들과 변증가 대부분이 이방인이었고 그들이 교회에 큰 유익이 되었다고 말했다.

초대 기독교가 영지주의의 자료들도 과감하게 수용했던 태도는 초기 기독교 사상의 다원적 속성을 잘 보여준다. 이것은 갈릴리 지방의 아람어가 아닌 코이네 헬라어로 복음을 기록할 수 있다고 생각했던 초대교회의 영향이었을 것이다. 최초의 이방인 회심자 대부분은 예수님이 사용한 아람어를 전혀 몰랐다. 그들은 원어인 아람어를 익히는 것과 그리스도 예수의 복음을 깨닫고 말씀에 헌신하는 것을 별개의 차원으로 이해했음이 분명하다. 이것은 현지 문화가 복음을 깨닫는 도구가 된다는 사실을 말해준다.

결국 문화는 종교적 차원에서 두 가지 측면을 지닌다. 첫째, 모든 문화는 상대적이라는 점, 둘째, 모든 이방 문화와 금기 문화에 대한 오명은 벗겨져야 즉, 탈낙인화(de-stigmatization)해야 한다는 점이다. 오랜 세월 동안 하나님의 구원 계획의 경계 바깥에 존재한다고 여겨졌던 이방 문화와 금기 문화들이 이제는 하나님의 구원 계획에 사용되는 자격을 부여받았다. 이러한 측면에서 기독교는 단순한 종교 혁명을 넘어 문화 혁명을 가졌으며, 이는 오늘날까지도 이어지고 있다. 이러한 현상을 뒷받침하는 기본 원리는 매우 간단하다. "하나님의 구원사적 관점에서 보면, 모든 문화는 불완전하지만 동시에 동등하게 소중하다." 그렇다면 기독교와 문화의 관계를 지속적으로 유지할 수 있었던 동력은 과연 무엇이며, 그것이 오늘날 우리에게 주는 교훈은 무엇인지 살펴보자.

오순절 사건은 모든 민족과 언어가 하나님의 구원 계획 안에 포함된 기념비적 사건이었다. 그리고 이 역사적 사건에 깊이 이름을 새긴 인물은 다름 아닌 사도 바울이었다. 바울은 오순절의 의미를 완벽히 이해했으며, 이를 실천하기 위해 자신의 모든 것을 걸었다. 그는 복음의 효력이 이방 문화와 그 문화에 속한 사람들의 오명을 씻어주는 것임을 확증했다. 그리고 유대인, 이방인, 야만인, 타 지역 거주자들 모두가 하나님의 구원 경륜 안에서 동등한 자격을 지닌다는 사실을 강조했다. 이와 동시에 바울은 이 세상을 향한 하나님의 심판이 먼저는 유대인에게 다음으로 이방인들에게 주어진다고 말했다.

모든 문화에 속한 언어와 개념들은 하나님의 뜻을 깨닫는 매우 긴요한 도구지만 특정 문화가 절대적이고 배타적인 규범이 될 수는 없다. 유대인에게 필수적이었던 음식법, 할례 및 안식일 규정 등은 누구나 따라야 할 규정이 아니었으며, 그것을 지켜야만 기독교 공동체에 받아들여지는 것도 아니었다. 이는 이방인들 또한 자신들의 문화적 특수성을 배타적인 규범으로 삼지 말아야 한다는 경고이기도 하다. 곧 기독교를 문화 이념으로 축소시키거나 절대화하는 오류를 범하지 말라는 것이다.

바울은 본래부터 부정한 것은 아무것도 없다고 말했다. 이것을 요즘 식으로 표현하자면, 모든 문화는 그 자체로는 거룩하지 않지만 기독교적인 가치관과 결합할 때 비로소 거룩함을 부여받는다는 의미다. 그는 서로 다른 문화 관습을 존중할 것을 권면했는데, 이는 모든 문화가 하나님께서 주신 것이기 때문이다. 예수님 안에 계신 하나님은 우리 각자의 문화적 특수성을 용납하신다. 여기에는 한 가지 중요한 전제가 있다. 자기 스스로를 절대화하거나 다른 문화 양식을 배척하는 식의 태도는 용납되지 않는다는 것이다. 종족적 특성은 인정되지만, 이를 신격화하거나 절대화하는 것은 허용되지 않는다. 이러한 원칙에 근거해서 바울은 로마서 12장과 고린도전서 12장에서 기독교의 다양성에 관한 깊은 통찰을 제시한다. 복음 전파를 통해 자연스럽게 다양한 문화가 수용되지만, 문화는 복음 전파의 도구에 지나지 않는다는 사실을 바울은 명확히 밝혔다.

이것은 매우 간단하면서도 민감한 문제다. 아무리 고상하고 세련된 문화라 할지라도, 그것은 하나님의 절대적 주권 아래 있는 복음 전파의 수단에 지나지 않는다고 바울은 보았다. 여기에서 주목할 것은, 하나님의 유일한 주권이 다양한 문화적 현실을 매개로 전달된다는 사실이다.

따라서 기독교는 문화를 거룩하게 여기거나 문화를 우상화하는 것을 부정하지만 역설적으로 문화의 지위를 격상시키기도 한다. 기독교가 문화와 만나게 되면 기독교적 관점을 통한 문화 비판이 일어난다. 이것은 기독교 역사에서 하나의 유산이 되었다.

개별 문화를 절대화하는 것을 용납하지 않는 기독교의 입장은 과거 그리스-로마 시대뿐만 아니라 오늘날에도 동일하게 적용된다.

바울이 주장하듯이 기독교로 회심한 이들에게 그리스-로마 문화를 따르라고 요구하는 것은 예루살렘 교회가 처음으로 이방인 회심자들에게 유대 문화를 따르도록 요구했던 것과 다를 바 없다. 환경이 아무리 달라졌다고 해도, 문화는 여전히 상대적 가치를 지닐 뿐이다. 오늘날 기독교인들은 신학적 일관성을 유지하면서도 동시에 문화적 차이를 수용할 수 있는 성숙한 태도를 지녀야 한다. 이것이야말로 우연성과 지속성, 보편성과 특수성을 모두 살리는 길이다.

바울이 제공한 통찰은 기독교 역사 전체에서 복음과 문화의 관계를 설명하는 가장 확실한 기준이 된다. 바울은 예수님이 선포하신 기독교가 필연적으로 다원성(plurality)을 지닌다고 확신했다. 이러한 다원성은 이방인 선교에 뿌리를 두고 있다. 바울의 견해에 따르면, 아무리 우수한 문화라도 하나님께서는 특정 문화를 절대화하지 않으신다. 또한 모든 문화는 하나님의 은총 아래 존재하며, 어느 문화도 열등하거나 부정하다는 오명을 뒤집어써서도 안 된다. 바울의 사고에는 이러한 두 가지 의미의 급진적 다원성이 들어 있다. 바울이 행위보다 믿음을 강조한 것은 하나님이 문화적 성취와 상관없이 우리 모두를 선택하셨음을 강조하려는 의도다.

사랑과 은혜의 하나님이 주시는 절대적 선물인 믿음은 문화 안에서 문화를 상대화시키는 중요한 요소가 된다. 서구 심리학의 영향을 받은 서구 신학은 믿음과 행위의 문제를 지나치게 주관화시켜서, 그것이 마치 내면적 확신과 사회적 참여 사이의 갈등인 것처럼 해석했다. 그러나 바울의 본래 의도는 유대인과 이방인이 그리스도 예수 안에서 각자 진정한 인정을 받되, 유대인은 유대인으로, 이방인은 이방인으로 문화적 특수성을 (특수주의가 아니다) 인정받아야 한다는 것이었다.

이는 특정 문화의 절대화를 경계하는 동시에 모든 문화가 하나님의 구원 계획 속에서 존중받아야 함을 시사한다. 바울은 이렇게 문화의 양면성을 면밀하게 파악해야 함을 우리에게 가르쳤다. 기독교인의 삶은 불가피하게 문화와 교섭할 수밖에 없다. 그러나 문화의 중요성은 어디까지나 이차적일 뿐이다. 때로는 문화가 복음 전파에 장애물이 되기도 한다. 바울은 문화가 우상화될 가능성이 있음을 직시하고, 때때로 문화 파괴자의 입장처럼 보이기도 했다. 그러나 그는 결코 문화 회의론자가 아니다. 오히려 그는 하나님의 구원 계획이 문화적 특수성을 통해 전달되고 매개된다는 사실을 잘 알고 있었기 때문이다.

복음, 현지 언어 그리고 문화

근대 서구 선교의 역사는 기독교의 문화적 다원성을 다시 한번 확인하는 계기가 되었다. 먼저 첫째로, 선교사들은 성경을 현지 언어로 번역하는 데 주력했다. 이 과정에서 기독교의 핵심 용어들을 현지인의 단어, 개념, 관습 및 숙어를 활용하여 번역했다. 둘째, 이러한 번역이 이루어지면서 현지 언어를 기준으로 번역이 잘 된 성경과 그렇지 않은 것을 평가하게 되었고, 이는 서구식 성경 번역의 적절성에 대해 현지 언어 전문가들이 이의를 제기하는 데까지 이르렀다. 셋째, 성경이 다양한 현지 언어로 번역되면서 번역된 성경의 수가 폭발적으로 증가했다. 넷째, 선교사들이 성경을 번역하기 전까지는 문자가 없는 지역도 많았기에, 이들은 현지 언어의 문자 체계를 직접 개발하고, 문법과 사전, 어휘집을 만들어야 했다. 더 나아가 격언, 숙어, 속담, 종족 역사에 관한 자료, 토착 종교, 관습적 행위, 법, 역사, 정치 제도 등 다양한 자료를 수집하여 정리했다. 이처럼 방대한 현지 문화 자료의 수집과 정리는 토착 사회 전반에 상상조차 할 수 없었던 변화를 가져왔다. 특히 토착적인 현지 문화의 중요성을 새롭게 인식하는 계기가 되었으며, 이는 종종 민족주의의 모태가 되기도 했다. 문자가 없던 토착 사회에 성경 번역이 미친 혁명적 충격은 그 의미를 아무리 강조해도 지나치지 않는다. 여기에는 신학적으로도 깊은 의미가 담겨 있는

데, 이는 선교사들이 현지에 들어가기 이전에 하나님의 예지적 은총이 이미 해당 문화 안에 존재했음을 시사한다. 선교사들은 자신들에게 주어진 기존 문화의 양식과 용법들을 수용해 성경을 번역했던 것이다.

성경 번역 선교사들은 토착 문화와 복음이 자연스럽게 연결될 수 있음을 알았다. 토착 문화에서 발견되는 자료들은 지역적이고 특수하지만 그럼에도 복음을 위해 도구로 활용할 수 있었다. 성경 번역에는 개별 언어뿐만 아니라 미세한 사투리의 차이까지도 반영되었다. 이는 선교가 모든 문화가 하나님의 구원 계획 안에서 받아들여진다는 원리를 재확인해주었다. 선교사들은 현지에서 토착민들이 이미 사용하고 있던 단어와 이름을 빌려 하나님을 증거할 수 있었다. 언어의 역할과 관련하여, 전통 사회에서는 언어와 문화가 매우 밀접하게 결합되어 있다. 기독교는 현지 언어와 문화를 통합적이고 역동적인 방법으로 활성화시켰다. 따라서 선교사들의 성경 번역은 이들 전통 사회의 저변에까지 영향을 미쳤고, 현실적이고 지속적으로 현지인들의 삶과 상상력을 고양시켰다.

현지 언어를 사용하여 성경을 번역했던 선교사들은 현지 언어를 기계적인 도구 이상으로 여겼다. 그들은 현지 언어가 하나님의 계시를 담는 언어로서 손색이 없다고 보았다. 성경과 기독교의 진리를 전달하는 일에 모든 언어가 사용될 수 있고 상호 번역이 가능하다는 사실은, 모든 언어가 계시의 도구로 사용될 수 있음을 의미한다. 언어마다 차이는 존재하지만, 모든 언어는 동일한 목적을 위해 사용될 수 있다. 즉, 수많은 언어가 하나님 한 분을 증언하는 매체로 사용될 수 있으며, 이를 통해 하나님에 대한 다양한 이해가 가능하다. 이러한 관점에서 볼 때, 우리는 다음과 같은 질문을 제기할 수 있다. 특정 언어를 통해 이해한 하나님을, 하나님에 대한 완전한 이해라고 할 수 있는가? 혹은 모든 언어가 하나님을 보다 깊이 이해하기 위해 자체 언어의 용량을 확장시켜야 할 필요는 없는가?

이 질문들에 대해 우리는 이렇게 답할 수 있다. 사실상 인간의 모든 언어는 하나님을 온전히 이해하기에 본질적으로 한계를 지닌다. 기독교의 진리는 궁극적으로 인간의 언어를 초월하기 때문이다. 하지만 선교사들은 언어가 하나님을 전달하는 적절한 도구라는 사실을 믿어 의심치 않았다. 여기서 우리는 언어와 문화 사이의 관계를 규정하는 원리를 찾을 수 있다. 선교사들은 현지 언어의 상징들과 그것을 매개로 전달되는 내용이 성공적으로만 연결되면 현지화가 순조롭게 진행될 것으로 보았다.

기독교가 서구를 넘어 비서구 세계로 확장되면서 복음은 다양하고 복잡한 현지 문화 및 언어들과 교섭했다. 하나님의 이름을 현지 언어로 번역할 때는 현지 언어의 독특한 용어들이 활용되었다. 또한 현지인들의 삶의 경험에 뿌리를 둔 관용적 언어들이 대거 사용되었다. 성경 번역 선교사들은 토착 문화에서 적절한 용어와 표현 방식을 찾아내려고 노력했다. 그들은 연구 결과를 문서화했고, 연구의 과정과 원칙들을 자세히 정리했다. 이러한 성경 번역 사역은 단순히 현지인들이 현지어로 성경을 읽는 차원을 넘어 문화에까지 광범위한 영향을 미쳤다. 토착 언어와 문화에 대한 자세한 연구는 기독교라는 울타리 안에 유례를 찾아보기 어려울 정도로 문화적 다양성을 증진시켰다. 예를 들어, 전통적인 종교적 태도와 정서를 반영한 현지 찬송가나 기도문 등이 기독교 공동체에서 사용되기 시작했다.

서구 문화와 비서구 문화 사이 혹은 비서구 사회의 종족 문화들 사이에는 문화적·언어적 차이가 현저하다. 그들을 하나로 묶어주는 공통점은 그들 각 문화가 하나님과 연결되어 있다는 사실이다. 모든 문화는 고유한 특징을 가지며, 그로 인해 문화적 표식과 상징이 다르다. 하지만 하나님과의 연결성을 기반으로 모든 문화는 궁극적으로 하나의 흐름으로 연결될 수 있다.

앞에서 살펴본 바울의 급진적 다원성에서 우리는 복음과 문화의 갈등을 풀 수 있는 단서를 발견한다. 예를 들어, 바울은 음식에 관한 규정 때문에 하나님의 일을 그르치지 말라고 경고했다. 먹는 문제와 기도가 서로 갈등을 일으키기 때문이 아니었다. 오히려 하나님과 음식 문제를 서로 배타적인 개념으로 구분하는 사고방식이 인간의 영혼과 육체 모두에 도움이 되지 않음을 말한 것이다. 하나님과 음식을 서로 배타적으로 여기는 것은 기독교에 가장 해로운 생각이다. 기독교인은 이러한 배타적인 사고를 극복해야 한다. 결국 기독교의 다원성은 절대 주권과 능력을 갖고 계신 한 분 하나님을 전달하는 방편으로써 문화의 다양성을 인정하는 데 있다. 여기서 우리는 복음의 본질을 우리 시대의 문화적 이념으로 축소하려는 경향에 대해 비판적 입장을 취하게 된다.

3장
21세기 기독교와 아시아 교회의 역할

이문장

오늘날 세계 기독교는 새로운 국면으로 재편되고 있다. 우리가 의식하든 못하든 세계 종교 환경, 특히 기독교에 급격한 변화가 일고 있다. 지난 300여 년 동안 기독교는 서구 선교의 결과로 세계의 종교로 자리 잡을 수 있었다. 그러나 교세 확장은 서구 교회의 쇠퇴와 기독교 왕국의 붕괴와 함께 이루어졌다. 현재 우리는 기독교 역사에서 중대한 전환기를 맞이하고 있으며, 이는 다소 거시적인 변화이기에 쉽게 체감하기 어려울 수도 있다. 그러나 세계 기독교의 재편은 분명히 진행 중이며, 우리는 이러한 변화가 가지는 의미를 깊이 숙고할 필요가 있다.

여기서는 우선 세계 기독교의 재편이 어떻게 일어나고 있는지 간략하게 살펴보고자 한다. 그리고 재편되고 있는 세계 기독교 질서에서 아시아 교회가 어떤 역할을 할 수 있을지 검토하려고 한다. 그러려면 먼저 아시아 교회가 서구 기독교와 어떤 함수관계에 있는지부터 알아야 한다. 또한 아시아 교회의 모판을 이루는 아시아 사회와 어떤 관계를 형성해야 할지도 분명하게 인식해야 한다. 아시아 교회의 가장 큰 도전은 아시아 교회를 하루 속히 탈서구화시키는 일이다. 이는 아시아 선교뿐 아니라 세계 기독교를 위해서도 바람직하다. 이와 관련하여 기독교 이미지의 탈서구화를 위해 어떤 신학적 작업이 필요한지 더불어 검토하고자 한다.

세계 기독교가 재편되고 있다

아시아 기독교의 위치를 점검하기 전에 우리는 먼저 세계 기독교 역사에 일어나고 있는 새로운 흐름을 살펴볼 필요가 있다. 21세기 기독교의 상황을 진단해볼 때 크게 네 가지 현상이 주목된다. 첫째, 세계 기독교 역사상 처음으로 기독교인이 소수자가 되는 시대가 도래했다. 둘째, 세계의 종교적 환경이 바뀌어 전통 종교들이 다시 발흥하고 있다. 셋째, 기독교의 목회적·선교적 환경이 다시 초대교회 상황과 비슷해지고 있다. 넷째, 기독교의 중심이 이동하고 있다. 이 네 가지 현상을 자세히 살펴보도록 하자.

소수자의 종교

우리가 잘 아는 것처럼, 1910년 에든버러에서 최초의 세계 선교 대회가 열렸다. 20세기 초에 기독교는 "금세기 안에 세계 복음화를"(world evangelization in this generation)이라는 기치를 내걸고 힘차게 출발했다. 20세기가 끝나는 시점에 기독교의 모습은 어떻게 변했는가? 기독교는 지리적 확장에 있어 세계 기독교가 되었다. 서구 세계의 경계를 넘어 비서구로까지 확장된 것이다. 하지만 역설적으로 이러한 확장은 서구 기독교의 쇠퇴와 함께 진행되었다. 이제 서구 사회에서 기독교 인구는 소수로 전락했다.

이러한 서구 기독교의 쇠퇴 현상은 흔히 서구가 탈기독교(post-Christian society) 혹은 후기 기독교 사회가 되었다는 측면에서 설명된다. 종교적인 측면에서 서구를 더 이상 기독교 사회로 규정할 수 없게 되었다는 말이다. 한편으로는 기독교인의 수가 감소하고 있고, 다른 한편으로는 기독교가 서구의 정신세계를 주도하고 통제하는 규범으로서의 영향력을 상실하고 있다는 진단이다. 서구 사회는 이제 탈기독교화되고 있으며, 비기독교화되고 있다. 서구 신학자들 가운데 일부는 기독교가 이제 서구 종교가 아니라는 말까지 서슴지 않는다.

이것은 종교적으로 엄청난 의미를 가진다. 아시아 사람이 불교나 힌두교가 더 이상 아시아의 종교가 아니라고 말하는 것과 같기 때문이다. 언제 그런 말을 할 수 있겠는가? 우리에게 그런 상황이 올 것이라는 상상이 되지 않는다. 종교적으로 엄청난 변혁이 일어나야 비로소 그런 말을 할 수 있을 것이다. 현대 한국 사회를 탈유교 사회라고 말할 수 있는데, 이는 이조 왕조가 붕괴되고 전통 사회가 해체되면서 서구 문명이 유입되었기 때문에 가능한 일이었다. 곧 한국 사회가 역사상 엄청난 격변을 거쳐서 탈유교 사회로 탈바꿈하게 된 것이다. 물론 오늘날에도 한국 문화 속에 스며들어 있는 유교적 영향에서 아주 자유롭지는 못하지만 말이다. 어쨌든 기독교가 이제 더 이상 서구 종교가 아니라는 말은 기독교 역사에 큰 변혁이 일어나고 있다는 반증이다. 우리는 그러한 변혁의 한복판에 있어서 오히려 그 혁명적 의미를 잘 깨닫지 못하고 지나치는 것 같다.

지금 서구 사회는 기독교 인구가 현격히 감소했다. 한때 세계 선교의 중심이었던 영국의 상황을 보더라도 교회 출석 인구가 5퍼센트를 밑돌고 있는 실정이다. 아시아의 상황은 어떠한가? 필리핀과 한국, 싱가포르와 중국, 말레이시아와 인도네시아 일부 지역을 제외하면 아시아 대부분 나라의 기독교 인구는 1-2퍼센트밖에 되지 않는다. 아시아 대륙 평균이 5퍼센트에 못 미치는 것이다. 이처럼 기독교 인구는 서구 사회에서도 소수요, 아시아에서도 소수다. 아프리카나 남미 일부 지역에서 기독교가 다수인 곳도 있지만, 전 세계적 상황을 조감할 때 대부분은 소수자 종교다. 우리는 이러한 변화를 직시해야 한다. 지금의 기독교는 이전의 기독교가 아니다. 기독교가 세계 종교가 되었다고 하지만 그 위상은 오히려 낮아지고 있는 것이 현실이다. 이러한 현실에 맞추어 기독교인의 의식도 바뀌어야 할 것이다. 소위 주제 파악을 잘해야 한다는 말이다.

세계 전통 종교들의 발흥

세계 종교 환경이 급격하게 변하는 데 발맞추어 우리 주변에는 전통 종교들이 급부상하고 있다. 전통 종교라 하면 불교, 힌두교 및 이슬람을 가리킨다. 물론 유교도 포함될 수 있고, 아시아나 아프리카의 토속 종교(traditional religion)도 포함될 수 있다. 전통 종교의 재발흥은 탈현대주의나 종교다원주의와 맥이 닿아 있다. 과거에는 서구와 비교해 낙후되고 원시적이며 창피하게 인식되던 것들이 지금은 오히려 가치 있는 것으로 재평가되고 있기 때문이다. 미국 사회를 묘사할 때도 예전에는 용광로의 이미지를 사용했는데, 이제는 샐러드 그릇의 이미지를 사용한다. 각 민족의 특성을 다 녹여 미국인이라는 하나의 정체성을 주조하는 것이 아니라 각 민족의 특성을 그대로 유지하도록 권장하는 것이다. 이것은 한 예에 불과하지만, 어쨌든 전 세계적인 상황이 그렇게 다양성과 다원성을 존중하는 흐름으로 들어가고 있다. 그런 흐름에 따라 전통 종교에 대한 관심도 증가하는 분위기다.

전통 종교의 부상은 우리에게 도전이 된다. 특히 서구 신학을 배우고 가르친 아시아 교회에게는 더욱 그렇다. 전통 종교들은 나름대로 영적인 감화력으로 현지인들 곁에 함께 있었다. 영적 감화력이 없었다면 지금까지 버텨오지 못했을 것이다. 원래 영적 능력에 있어서 기독교와 전통 종교들은 상대가 되지 않는다. 하지만 서구적인 기독교가 유입되면서 기독교가 가진 말씀의 힘, 영적 능력이 제대로 발휘되지 못했다. 그렇게 된 이유는, 신학이 말씀의 세계, 영적인 세계를 약화시켰기 때문이다. 자연 과학적 세계관의 영향을 받은 결과로 서구 신학이 형성 발전되어왔고, 그 결과 기독교가 본래의 영적 감화력을 많이 잃어버렸다. 경건의 모양은 있으나 경건의 능력이 없는, 학문으로서의 신학을 배우고 가르치고 있기 때문이다.

서구 기독교의 위기 상황을 복잡하게 설명할 필요가 없다. 물론 전부 그런 것은 아니겠지만, 유럽 신학교 교수를 생각할 때, 사람들이 기독교의 도를 터득했거나 하나님과 인간을 깊이 아는 영성을 겸비한 사람으로 생각하지 않는 것이 서구 신학의 위기요, 서구 기독교의 위기다. 기독교가 소수자의 종교로 돌아오고, 전통 종교들이 다시 발흥하는 상황에서 우리가 특별히 주목해야 할 사실이 있다. 그것은 앞으로 기독교와 타 종교 사이에 영적 감화력과 능력에서 비교가 일어날 것이다. 그동안 기독교가 이 정도까지 유지될 수 있었던 데는 영성이 아니라 정치·경제적 헤게모니 등 다른 요소들의 도움이 많았다. 상황을 다소 단순화시켜 말하자면, 앞으로 기독교의 미래는 기독교의 영성 회복 여부에 달려 있다. 아시아 교회가 은사 위주로 나가야 한다고 주장하는 것이 아니다. 이 부분에서 오해가 없기를 바란다. 영성과 은사주의는 현격하게 다르다. 기독교의 영성 회복은 사도 바울의 경우와 같이 말씀과 기도, 즉 지혜와 능력이 어우러지는 것을 의미한다. 그런 모습이 회복될 때 기독교는 비로소 제 위치를 찾고 제 역할을 할 수 있을 것이다.

기독교의 초대교회 상황

기독교가 소수 종교가 되었다는 말은 기독교의 위상이 콘스탄티누스 황제가 기독교를 공인하기 이전 시대로 돌아갔다는 의미이기도 하다. 물론 현재 상황과 그때 상황이 동일하지는 않다. 단지 기독교의 사회적 위상이 유사해졌다는 것이다. 기독교가 공인되기 이전의 초대교회 상황이 어떠했는지 살펴보자.

첫째, 기독교를 감싸고 있던 시대적 환경이 호의적이지 않았다. 기독교 배후에 정치 세력의 비호가 없었다. 오히려 정치 세력으로부터 박해를 받았다. 둘째, 초대교회는 종교적으로 다원적인 환경에 놓여 있었다. 다양한 종교들이 서로 경쟁하며 영향을 주고받는 상황이었다. 기독교는 복음의 능력 자체를 통해 백성들의 마음을 얻어야 했다. 기독교가 타 종교보다 더 나은 종교요, 그래서 기독교로 개종해야 한다는 사실을 실력으로 입증해야 했다. 당시 기독교는 가치 전복적이고 파격적인 가르침과 실천, 그리고 영적 권능에 의해 나타나는 이적과 기사로 사람들을 개종시켰다. 21세기에 기독교가 직면하는 시대적 상황도 이와 유사하다. 기독교를 감싸고 있는 환경이 호의적이지 않고, 종교는 다원화되고 있다. 기독교가 세계 종교가 되었다고 말하지만, 우리는 그 말의 실체를 직시해야 한다. 기독교는 전 세계 어느 나라에서도 국교 차원의 위상을 유지하지 못한다. 서구 사회에서나 비서구 사회에서나 기독교는 소수자의 종교가 된 것이다. 이것이 새로운 자기 인식이다.

서구 기독교나 비서구 기독교 모두 직면한 도전의 성격은 동일하다. 정치적 세력의 비호 없이 스스로의 힘으로 성장해야 하는 것이다. 21세기 기독교는 다시 말씀의 실력, 영적인 실력으로 예수님의 증인이 되어야 한다. 기독교의 본질적 모습, 영적인 자기 정체성을 회복하고 반기독교적인 시대 정신을 뚫고 일어서야 한다. 기독교는 타 종교의 약진에도 불구하고 그 탁월성과 신령함을 사람들에게 납득시킬 수 있어야 한다. 이것은 복음의 능력 자체를 복원하는 일에서 시작된다. 복음을 재발견하고 복음의 능력을 이 시대에 복원하는 일은 어쩌면 비서구권의 신생 교회의 몫이라 할 수 있다. 이 시대의 정신세계와 가치관을 바꿀 수 있는 영적인 힘과 권위를 회복하는 일만이 기독교를 기독교답게 만드는 일이다.

기독교 중심의 이동

지난 2천여 년 동안 기독교의 중심은 서구 세계였다. 기독교는 서구의 종교였고, 주무대 또한 서구 사회였다. 그러나 이제 서구는 더 이상 기독교 사회가 아니다. 서구 종교가 기독교로 인식되던 시대도 지나갔다. 이것은 기독교가 서구 사회에서 사라졌다거나 더 이상 교회가 존재하지 않는다는 의미가 아니다. 예전처럼 서구 사회와 기독교가 동일시되지 않는다는 의미이다. 기독교가 서구를 완전히 떠난 것은 아니지만 서구를 떠나고 있음은 분명하다. 이러한 서구의 종교적 현실을 보고 일부 신학자들은 기독교의 중심 이동을 말한다. 기독교는 역사상 그 중심이 여러 차례 이동했는데, 우리 시대에 다시 한번 그 중심이 이동했다고 파악한다. 그동안 서구가 중심이었지만 이제는 아프리카, 아시아 및 라틴 아메리카가 새로운 중심이 되었다고 말한다.

기독교의 중심이 이동했다는 말은 기독교가 서구를 떠났다는 말이다. 사회학적으로 보면 서구 사회가 기독교에서 벗어난 것이겠지만, 기독교의 입장에서 보면 기독교가 서구 사회를 떠나 다른 지역으로 이동한다고 할 수 있다. 서구가 탈 기독교 사회가 되었다는 말이나, 서구인들의 종교였던 기독교가 중심 이동을 했다는 말은 동일한 현상에 대한 서로 다른 분석과 설명이다. 이렇게 기독교의 중심이 아프리카나 아시아, 라틴 아메리카로 이동했다고는 하지만, 사실상 기독교의 중심이 어디라고 꼭 집어 말하기는 어렵다. 다시 말해 확인할 만한 새로운 중심지는 아직 존재하지 않는다고 보는 것이 더 정확하다. 그런 의미에서 기독교를 비서구 종교(non-Western religion)라고 말하기에는 아직 이른 감이 있다. 지금은 오히려 기독교의 중심이 이동하는 중이라거나 새로운 중심이 아직 등장하지 않았다고 말하는 것이 더 적절할 것이다.

기독교가 탈 서구 종교가 된 것은 확실하지만, 그렇다고 비서구 종교가 된 것은 아니기 때문이다. 아프리카 대륙이 기독교 대륙이 될 것으로 전망하는 학자들도 있지만 기독교가 서구의 종교가 되었던 것과 같은 방식으로 그렇게 되리라고 전망하기는 아직 이르다. 라틴 아메리카의 기독교도 성장하였지만, 기독교 대륙이라고 부를 수 있을 정도는 아니다. 따라서 새로운 중심지라고 말하기 어렵다. 아시아의 경우는 더욱 그렇다. 아프리카, 아시아, 라틴 아메리카의 기독교가 많이 부흥하고 발전한 것은 사실이지만, 이전에 서구가 기독교 사회였던 것처럼, 이들 지역이 기독교 사회가 된 것은 아니다. 기독교 중심의 이동이 있는 것은 분명하지만, 어느 곳이 세계 기독교의 흐름을 주도하게 될지는 아직 분명하지 않다. 다만 확실한 사실은 기독교의 중심이 이동하고 있다는 것과 기독교가 더 이상 서구의 종교가 아니라는 것, 따라서 신학의 중심도 이동할 것이고 세계 선교의 중심도 이동할 것이라는 것이다.

아시아 교회의 현실

아시아 기독교는 서구 기독교와 연속성을 가지면서도 동시에 불연속성을 가진다. 그동안 우리는 연속성의 관점에서 아시아 기독교의 정체성을 인식하였다. 그래서 아시아 기독교와 서구 기독교가 불연속성을 가질 수 있다는 가능성에 대해서도 생각지 못했다. 하지만 이제는 연속성과 더불어 불연속성을 인식해야 할 때가 되었다. 아시아 기독교는 서구 기독교와 역사적 경험이 다르다. 아시아 땅에 들어온 그날부터 다른 역사가 시작된 것이다. 비록 우리가 그런 현실을 미처 인식하지 못했더라도 말이다.

기독교가 서구로부터 아시아로 전달되었지만, 아시아에 들어온 그 순간부터 아시아 기독교는 서구 기독교 역사의 단순한 연장이 아니었다. 오히려 새로운 역사의 시작이었다. 서구 기독교가 서구 사회에서 가지는 위치와 아시아 기독교가 아시아 사회에서 가지는 위치는 엄연히 다르기 때문이다. 아시아의 기독교는 서구 기독교와 다른 정치, 경제, 사회, 문화 및 종교적 배경을 가지고 있고, 다른 역사적 경험을 가지고 있다. 따라서 아시아 기독교의 정체성은 아시아의 경험을 배경으로 정의되어야 한다. 하지만 지금까지 서구 기독교인들뿐 아니라 아시아 기독교인들조차 그러한 사실을 제대로 인식하지 못했었다. 따라서 우리는 이제라도 아시아 기독교와 서구 기독교의 차이를 깨닫고, 이 둘의 연속성 및 불연속성을 확인하는 작업에 착수해야 한다. 그리고 아시아에서 가지는 기독교와 기독교인들의 사회적 위치와 정체성을 재발견해야 한다.

기독교는 서구의 종교다

2001년 말에 동남아시아 일부 지역에서는 기독교에 대한 두드러진 박해가 있었다. 하나는, 파키스탄에서 일어난 일로, 천주교 신자 19명이 성당 안에서 회교 과격분자들에 의해 살해되었다. 다른 하나는, 말레이시아에서 일어났는데, 이 역시 회교 과격분자들이 교회 두 곳과 성당 두 곳에 방화를 저질렀다. 이때 일어난 기독교 박해는 2001년 9월 11일 뉴욕 세계무역센터의 폭파 이후 전개된 미국의 대테러 보복 전쟁과 연계되어 있다. 회교 과격분자들의 관점에서는 미국 및 서방 세계와 기독교가 동일시되는 것이다. 그러나 파키스탄에서 죽임을 당한 사람들은 미국인들이 아닌 현지 기독교인들이었으며, 불에 탄 교회와 성당 역시 말레이시아 성도들이 주인인 곳이었다.

이 두 극단적인 사건은 우리에게 중요한 사실을 시사해준다. 그것은 아직도 기독교가 아시아 종교로 자리매김하지 못하고 있다는 것이다. 아시아인들의 시각에는 기독교가 여전히 서구 종교다. 이것은 또한 아시아 교회에 대한 저항감이 지속되고 있는 이유를 설명해주는 사례이기도 하다. 나는 아시아 기독교인의 한 사람으로서 이러한 저항의 소식을 접하게 될 때, 안타까운 마음과 함께 우리가 부당한 피해를 당한다는 생각을 갖게 된다. 그것이 안타까운 이유는 기독교가 서구 종교로 인식되는 것이 아시아 선교에 큰 장애가 되고 있기 때문이다. 또한 그것이 부당하다고 생각되는 이유는 아시아 기독교인이 기독교의 서구적 이미지로 인해 억울한 대접을 받기 때문이다.

아시아에서 기독교는 아직도 외국 종교 혹은 서구 종교라는 이미지를 벗지 못했다. 아시아 백성은 물론이고 아시아 기독교인들조차 기독교는 아시아 종교라고 인식하지 못한다. 불교는 아시아 종교다. 힌두교도 아시아 종교다. 유교도 아시아 종교다. 그러나 기독교는 불교, 힌두교, 유교와 같은 차원에서 아시아의 종교라고 생각하지 않는다. 미국이나 유럽에 불교 사찰과 현지 불교 신자들이 있어도 우리가 불교나 유교를 서양 종교라고 생각하지 않듯이, 기독교 역시 아시아에 들어와 있긴 하지만 여전히 아시아 종교로 인식되지 않는다. 기독교가 팔레스타인에서 시작되었음을 근거로 아시아 종교라고 주장하는 사람도 있다. 그러나 그것을 근거로 기독교가 아시아 종교라고 주장하기는 어렵다. 아시아에 알려지지 않은 오랜 기독교 역사가 있다고 강조하기도 하지만 이 역시 기독교를 아시아 종교로 인식하도록 만들기에는 부족한 근거다. 아시아의 비기독교인은 물론이고 기독교인들조차 기독교를 서구의 종교라고 인식하는 실정이다.

아시아 기독교는 소수자의 종교다

아시아 대륙 전체에서 기독교 인구는 5퍼센트 안팎에 불과하다. 필리핀, 한국, 싱가포르 및 인도네시아 일부 지역을 제외하면, 대부분 아시아 국가의 기독교 인구는 1퍼센트 정도다. 아시아에서 기독교는 여전히 소수자의 종교다. 따라서 서구 기독교가 탈서구화되었다고는 하지만 아시아에서의 위상은 아직은 아시아 종교로 편입되지 못한 상황이다.

서구 사회에서는 기독교 2천 년 역사상 처음으로 기독교가 소수자의 종교가 되었다. 서구는 비기독교 사회와 기독교 사회를 거쳐 이제 탈 기독교 사회로 들어가고 있다. 하지만 아시아 대륙은 아직도 대부분 지역이 비기독교 사회 내지는 기독교 이전 사회

(pre-Christian society)에 머물고 있다. 아시아의 어느 나라도 기독교 국가 혹은 기독교 사회가 되어본 적이 없다. 아시아에서 기독교는 처음부터 오늘날까지 소수자의 종교였다.

아시아 전통 종교가 살아 있다

대개 전통 종교들은 그 종교를 가진 사람들의 인종적, 문화적 정체성과 함께 맞물려 있다. 국가 종교의 위상을 유지하고 있다. 그러나 교회는 아시아 어느 나라에서도 국가 차원의 위상을 가지고 있지 못하다. 기독교 역사에서 '기독교 국가' 개념은 더 이상 지구상에 존재하지 않게되었다. 9·11 사태가 난 이후에 미국에 입국하는 말레이시아 국민들은 많은 어려움을 겪었다.

어느 정부 지도자의 경우, 미국 정부의 초청으로 방문했음에도 불구하고, 공항에서 지나치게 보안 검사를 해서 자존심이 상할 정도였다. '말레이 사람=회교도'라는 인식이 형성되어 있기 때문이다. 하지만 기독교는 어떤 국가적 혹은 민족적 정체성과 연결되어 있지 않다. 앞으로도 그런 시대가 올 것이라 기대하기는 어렵다. 문제는 아시아의 다른 전통 종교들은 국가 종교로서의 위상을 여전히 유지하고 있다는 점이다.

전통 종교가 국가 종교의 위상을 유지하고 있는 아시아에서 교회가 처한 형편은 이렇다. 첫째, 대부분 지역에서 종교적 환경이 우호적이지 않고, 오히려 적대적이다. 둘째, 기독교에 대한 집단적 가해 행위가 일어난다. 셋째, 기독교는 서양 종교라는 이미지로 인한 정서적 반감이 팽배하다. 이러한 아시아적 도전과 더불어 기독교에 비판적이고 배타적인 서구 문명의 영향도 아시아 사회에 깊숙이 자리 잡고 있다. 아시아 대부분의 나라에서는 여전히 전통 종교들이 국가 종교 차원의 비호와 지원을 받고 있기 때문에 기독교인들은 지속적인 박해의 대상이 되고 있다. 아시아에서 기독교인이 되는 것은 지금도 사회적 불이익을 감수해야 하는 실존적 결단을 의미한다. 대부분의 아시아 기독교인들은 기독교인이라는 이유 때문에 전통 종교로부터 박해와 멸시를 당하고 있다. 이들이 직면한 어려움은 서구 기독교의 경우보다 이중 삼중으로 힘겨운 형세다.

아시아의 다원 종교적 상황에서 기독교인으로 사는 것은 쉬운 일이 아니다. 이것은 교회 성장으로 잘 알려진 한국 사회에서도 마찬가지다. 내가 잘 아는 어느 집사님은 직장에서 자신이 기독교인이란 사실을 알리는 것이 쉽지 않다고 말한다. 몇 년을 한 부서에서 근무하던 동료와 회식도 하고 술잔도 주고받았는데 나중에야 서로 교인이란 사실을 알고 극도로 무안했던 적이 있다고 했다. 자기 부서의 직속 상사도 교인이란 것을 전혀 눈치채지 못했는데 몇 년 후 어느 교회 장로라는 사실을 알고서 가슴이 썰렁해졌다고 했다. 물론 그것이 자기 자신이 직면한 실존적 문제라는 사실도 인정했다. 이것은 개인의 단편적 일화지만, 이러한 경험과 고백이 시사하는 바는 매우 크다. 한국 사회에서조차 기독교가 아직 뿌리 내리지 못했다는 것을 방증하기 때문이다. 교회가 한국 사회 안에서 일종의 게토(gheto)와 같이 존재하는 것이다. 이는 기독교인이 자신의 정체를 떳떳하게 드러내고 기독교인의 행동 양식에 따라 직장 생활을 할 수 있을 정도로 한국 사회가 기독교에 열려 있지 못한 것이다. 그래서 기독교인들은 타협을 강요받는다. 교회 안에서는 훌륭한 직분자이지만, 사회에 나가면 전혀 다른 신분으로 살아가는 것이다. 이러한 문제는 기독교와 사회 사이에 거리가 존재하기 때문에 파생되는 현상이다.

아시아 문화의 배경은 기독교가 아니다

서구 기독교는 서구 사회의 정치, 경제, 문화, 사회의 토대를 형성하고 자양분을 제공해왔다. 반면 기독교가 아시아 문화에 미친 영향은 거의 없다. 오히려 기독교와 아시아 문화 사이의 관계는 긴장 관계에 있다. 그만큼 둘 사이에 거리감이 있는 것이다. 아시아의 전통 종교들은 오랜 세월에 걸쳐 아시아 문화 속에 뿌리를 깊게 내리고 있었다. 이와 달리 기독교는 아시아 정신세계에 가장 뒤늦게 들어왔고 아시아 문화 형성에 기여한 바가 거의 없다. 우리는 이 사실을 직시해야 한다. 아시아에는 아직 기독교적 가치와 문화가 깊이 뿌리내리지 못했다. 아시아 교회는 여전히 창조적인 소수로서의 역할에 머물러 있을 뿐이다.

서구 선교사들에 의해 전파된 기독교는 소수자의 종교이면서도 2천 년의 역사를 지닌 신앙이다. 또한, 서구 문화를 형성하고, 서구의 정치·군사·경제적 힘을 배경으로 하며, 기독교인들이 사회의 주류로 자리했던 경험을 가진 종교이기도 하다. 그러나 이것이 아시아 기독교인의 경험은 아니다. 이 지점에서 아시아와 서구 기독교의 불연속성이 드러난다. 아시아 교회는 서구 교회와 다른 위치에 있으며, 이에 맞는 정체성을 가져야 한다. 두 교회의 역사적 경험은 다르며, 아시아 교회를 서구 교회의 연장선으로 보는 것은 큰 착각이다.

서구 기독교인들은 2천 년의 기독교 역사를 유산으로 물려받은 사람들이지만, 아시아 기독교인의 역사의식 속에는 그러한 과거가 사실 존재하지 않는다. 서구 기독교인들은 과거의 영광과 상처를 동시에 물려받았으나, 우리의 정서 안에는 기독교가 국가 종교로 누렸던 영광도 없고 권력의 남용으로 저질렀던 잘못에 대한 죄의식도 없다. 이것이 아시아 기독교인의 자기 발견이요, 자기 이해다.

기독교를 아시아의 종교로 만들라

그러면 우리 앞에 도전은 무엇인가? 그것은 기독교를 아시아 종교로 자리매김하는 일이다. 이것은 아시아 기독교와 서구 기독교의 차이를 자각하는 데서 시작된다. 앞에서 기독교가 탈서구 종교가 되었으나 아직 비서구 종교로 등장하지는 않았다고 했다. 또한 현시점에서 기독교가 아시아 종교가 되었다고 할 수도 없다. 사실 아시아 종교는 여전히 불교, 유교, 힌두교 및 회교다. 그러나 기독교의 중심 이동은 전 세계 종교 환경에 급격한 변화가 일어나고 있음을 알려준다. 현재로서는 기독교의 중심이 어디로 이동하는지 아무도 예측할 수 없지만, 하나님이 그 촛대를 옮기고 계신 것만은 분명하다. 그런 점에서 아시아가 기독교의 새로운 중심이 될 수 있다. 그것은 기독교가 아시아 종교로 뿌리를 내릴 때에 가능한 일이다. 우리는 아시아인의 입에서 기독교가 아시아 종교라는 말을 하게 되는 시대가 도래하도록 지금부터 그 기초 작업을 해야 한다.

기독교는 그동안 서구의 문화와 서구의 정신세계와 교섭하면서 서구적 형태의 기독교를 만들었다. 그런데 이제는 기독교의 중심지였던 서구가 기독교의 변방이 되고, 지금까지 변방이었던 아시아 및 다른 비서구 사회가 중심으로 등장하는 시대가 도래했다. 기독교와 서구 문화 혹은 서구의 자연 과학적 세계관 사이의 교섭이 한계에 다다랐음을 말해준다. 서구의 자연과학적 세계관이 기독교의 진리를 연구하는 데 도움을 준 것은 사실이지만, 기독교의 영적 세계와 능력을 축소하고 말살하는 역기능을 한 것도 사실이다. 계몽주의 이후 근래에 이르는 기독교의 역사가 이를 잘 증명해준다.

기독교의 변방이었던 아시아가 기독교 세계의 중심으로 등장하게 된다면, 기독교와 아시아 문화 혹은 아시아 정신세계와 교섭하면서 기독교의 본래 모습을 회복하는 시도를 하게 될 것이다. 이것은 점차 사라지고 있는 기독교의 원형을 회복시키는 일이기도 하다. 기독교가 아시아 종교로 자리매김하려면 성경의 세계를 깨닫는 깊이와 영적인 능력이 통전적으로 어우러져야 한다. 이는 서구를 모판으로 형성된 기존의 기독교와 다른 형태가 될 가능성이 크다. 기독교의 아시아화 혹은 탈서구화와 관련하여 다음과 같은 질문이 제기될 수 있겠다. 기독교가 아시아 종교로 자리매김하는 일이 왜 중요한가? 또는 왜 아시아 기독교와 서구 기독교의 차별화가 필요한가? 그것은 다음과 같은 이유에서다.

첫째, 아시아 기독교 선교, 즉 아시아 복음화를 위해 필요하다. 아시아 선교의 가장 큰 장애물은 아시아인들이 기독교를 서구 종교로 인식하는 것이다. 선교 현장에서 효과적인 타 문화권 전달을 위한 연구를 해도, 선교의 대상인 아시아 현지인들이 기독교를 서구 종교로 대하는 이상 복음 전달의 효과는 현저히 떨어질 수밖에 없다. 아시아 현지인들의 정신세계를 복음으로 끌어당기기 위하여, 기독교는 서구 종교가 아니요 아시아의 삶의 자리에 뿌리를 둔 아시아 종교라는 인식을 새롭게 심어줄 필요가 있다.

둘째, 기독교의 복음이 아시아 백성의 '현장 신앙'(actual belief)이 되도록 하기 위함이다. 현장 신앙이란 실제 말과 생각과 행동에 영향을 미치는 신앙을 의미한다. 입술로는 기독교인이라고 고백하면서 실제 삶은 다른 가치, 다른 가르침을 따르는 것이라면 그것은 현장 신앙이 아니다. 실제로 한국의 성도들이 여전히 무속적인 경향을 보이는 것은 그들이 아직 무속을 떠나지 않았음을 의미한다. 이런 경우 그들의 현장 신앙은 기독교 신앙이 아니라 무속적 정서라고 말 할 수 있다. 아시아 현지인들의 현장 신앙은 유교, 불교, 도교, 힌두교, 이슬람 및 무속 신앙의 영향을 현저히 받고 있다. 우리는 기독교의 진리가 아시아 백성들의 삶 속에 녹아 들어갈 수 있도록 해야 한다.

셋째, 세계 기독교 역사의 지속을 위해 기독교의 아시아화가 필요하다. 기독교가 아시아화되는 것은 아시아가 새로운 중심지로 등장한다는 것을 의미한다. 앤드류 월즈 교수는 세계 기독교의 역사는 중심 이동을 통해 이어져왔다고 말한다. 새로운 중심이 등장해야 기독교의 역사가 지속된다는 것이다. 그런 점에서 아시아 기독교의 등장은 이러한 시대적 사명을 감당하기 위해 반드시 필요한 일이다.

넷째, 기독교가 아시아 문화를 형성해야 하기 때문이다. 서구 기독교는 서구 문화 형성의 주체였다. 비록 서구 기독교와 서구 문화 사이에 분리가 일어나긴 하지만, 어쨌든 기독교가 서구 문화의 결을 만들어온 것은 분명하다. 아시아의 현실에서 기독교와 문화의 관계는 서구의 경우와 다르다. 우리가 '아시아 문화'를 말할 때, 그것은 유교 문화, 불교 문화, 힌두교 문화 혹은 회교 문화를 의미한다. 이것은 한국의 경우에도 해당한다. 한국 문화를 소개할 때 기독교 문화의 자취는 거의 찾아보기 힘들다.

기독교는 이론이 아닌 삶의 방식이다. 아시아 기독교인에게도 마찬가지다. 내세뿐 아니라 이 땅에서의 삶도 주도할 수 있어야 한다. 아시아 문화, 한국 문화를 형성하는 동력으로서 작용해야 한다. 우리는 기독교와 아시아 문화 사이에 좀 더 긴밀한 교섭을 시도하려는 작업을 두려워할 이유가 없다. 비록 기존의 문화 신학이 잘못된 방향으로 흘렀다는 우려로 인해 아시아 신학의 발전에 유익을 주지 못했지만 말이다. 예일대의 라민 싸네 교수가 잘 정리해준 것처럼, 복음과 문화의 관계에는 긍정적인 측면과 부정적인 측면이 있다. 복음과 아시아 문화가 만날 때 전통문화적 요소들 모두가 부정되는 것이 아니다. 그 가운데 기독교에 해로운 요소들, 기독교와 양립할 수 없는 요소들은 당연히 버려야 하겠지만, 복음의 진보를 위해 적극적으로 활용되어야 할 요소들도 있다. 이렇게 복음과 아시아 문화의 관계를 일방적 도식으로 파악하여 무조건 위험한 시도인 것처럼 생각하는 것은 아시아 기독교의 발전에 아무런 도움이 되지 않는다.

신학의 탈서구화

기독교가 아시아 종교로 자리매김할 수 있으려면 기독교를 연구하는 아시아만의 방식이 만들어져야 한다. 서구인이 불자가 되려 한다면, 그는 불교의 본고장에서 온 신자로부터 가르침을 받을 것이다. 동양 무술을 배우는 경우도 마찬가지다. 수련자는 사범의 가르침을 그대로 따라 하며, 궁금한 점이 있으면 질문하고 지시에 따라 행동한다. 기독교가 전수되는 과정에서도 이와 같은 현상이 나타났다. 서구 선교사들이 기독교의 경전인 성경을 전해주고 모두 철수했었다면, 기독교 진리가 무엇인지, 그것을 터득하는 방식은 어떠해야 하는지 아시아 나름대로 고민해야 했을 것이다. 그러나 그런 일은 일어나지 않았다. 아시아 기독교인들은 서구 선교사들이 가르쳐준 것을 그대로 배웠다. 서구는 선생이었고 아시아는 학생이었다. 따라서 지금까지는 기독교의 진리를 터득하는 데 서구와 다른 방식이 있을 수 있다는 가능성마저 진지하게 생각하지 않았다.

최근 20~30년 사이에 독자적인 신학의 가능성이 서서히 제기되었다. 기독교가 아시아의 종교가 되려면 아시아 나름대로 기독교의 진리를 터득하는 방식이 마련되어야 한다. 또한 기독교가 아시아 백성의 종교로 자리매김할 수 있도록 신학이 제 역할을 해야 한다. 지금 아시아 기독교는 아시아인을 섬기고, 아시아 교회를 섬기는 기독교로 거듭나야한다. 서구식으로 기독교를 연구하는 방식에 결함이 있음을 인정하고, 아시아 문화, 아시아 사회에 기여할 바를 적극적으로 찾아야 한다. 기독교가 탈서구 종교가 된 상황에서 이제 더 이상 서구가 신학의 기준이 될 수 없다. 따라서 아시아도 아시아만의 독자적인 신학을 세워가야 한다. 그런 점에서 아시아 신학은 복음의 본질을 파악하고 그 전수 방식을 바꾸려는 하나의 시도라고 할 수 있다. 이 작업을 위해서 지금껏 서구로부터 배웠던 신학에 대해 방법론적 회의가 필요하다. 학생 콤플렉스를 벗어날 때가 되었다는 말이다.

그러면 무엇을 어떻게 해야 하는가?

첫째, 신학자의 정체성을 다시 설정해야 한다. 아시아에는 서구식으로 훈련된 신학자들이 많다. 또한 실력을 갖춘 신학자들도 많다. 그러나 이제는 그들의 많고 적음이나 수준의 높고 낮음을 떠나 다른 종류의 신학을 할 수 있고 혹은 하려고 하는 신학자들이 얼마나 있는가에 시선을 돌려야 한다. 신학하기의 패러다임의 질적 변화를 모색할 때가 된 것이다. 그동안 아시아 신학자들은 서구 신학의 틀을 따르는 것을 급선무로 생각했다. 그것이 서구 신학자와 격차가 없이 실력 있는 신학자가 되는 지름길이라 여겼다. 그래서 그들과 같은 방식으로 글을 쓰고 논증하고 인용하고 각주를 달았다. 그 모든 것은 서구 신학자들에게서 배운 것이다. 그러나 이제는 기독교를 연구하는 방식을 새롭게 모색해야 한다. 신학자들을 인정하는 기준도 달라져야 한다. 서구 신학을 따라가면 서구적 기준에서 저명한 신학자가 될 수 있다. 이제는 이전과는 다른 유형의 신학자, 곧 아시아적 방법론과 아시아적 관점을 가지고 연구하는 신학자가 나와야 한다.

둘째, 신학의 목적과 방향을 재검토해야 한다. 서구 신학의 목적은 신학의 대상을 객관화하는 것이다. 그리고 이를 위해서 비평적인 학문 방법을 사용한다. 그러나 아시아 전통에서 학문의 목적은 깨달음과 자기 변화였다. 신학자 자신의 깨달음과 자기 변혁을 통해 사람들의 관심을 획득하고 호응을 얻는 신학이 될 수 있다.

셋째, 신학의 아시아적 방법, 아시아적 학문 기준을 세워야 한다. 학문적인가 아닌가를 서구의 잣대가 아닌 아시아의 잣대를 마련해야 한다. 서구의 잣대는 서구 학문의 방법론에 기인한다. 서구 신학은 기독교를 탐구하는 데 일반 학문에서 활용하는 방법을 사용하고 있다. 일반 학문에서 사용하는 방법론과 구별된, 신학 연구만을 위한 독자적인 방법론이 별도로 존재하는 것은 아니다. 신학 연구를 위해 언어학, 문학비평, 사회학, 역사학, 심리학, 인류학 등의 연구 방법론 등이 동원된다. 아시아에도 이전부터 학문하는 방법론과 목표가 있었다. 아시아 신학은 아시아적 스타일로 학문성을 갖추면 된다. 서구 신학의 방법론과 경향을 따르고, 서구적 기준에서 학문성을 갖추려고 한다면 그것은 모방 신학에 그칠 수밖에 없다.

우리는 서구 신학의 분석적이고 학문적인 틀이나 규칙에 맞지 않으면 신학다운 신학으로 여기지 않는 풍토에 익숙해 있다. 이것은 아시아 신학자들 사이에서도 드러나는 현상이다. 아시아 신학자들이 서구 신학의 학문적 기준을 옹호하고 방어하는 경향이 강하다. 그러나 동양에도 학문하는 방법이 있다. 서구 신학이 서구의 세속적 인문, 사회, 과학의 제 방법론을 활용하여 신학의 담론을 형성했다고 한다면, 아시아 신학은 아시아의 세속 학문 방법론을 활용하면 된다. 아시아의 학문 방법론도 기독교 진리 탐구에 유용하게 활용될 수 있다.

넷째, 신학 교육을 바꿔야 한다. 그동안 신학의 목적이나 내용, 방법 등은 서구 기독교에 의해 규정되었다. 일반적으로 신학 교육 기관에는 공식적인 학적 요구 사항이 있어서 신학의 틀을 유지해 왔다. 그러나 이제는 기독교의 진리를 터득하고 전수하는 신학 교육에 전환이 필요하다. 서구식 신학으로는 기독교의 진리를 터득하는 데 한계가 있다.

다섯째, 서구 신학의 길드와 더불어 아시아 신학자 길드가 형성되어야 한다. 아시아 신학계는 새로운 지평의 사고와 창의적인 제안들, 그리고 기독교의 진리를 터득하기 위한 새로운 방안들을 지지하고 격려하고 심화시킬 수 있는 학적 풍토가 조성되어야 한다. 그리고 아시아 신학자들이 함께 세워야 한다. 서로를 무시하는 풍토를 버리고 서로의 학문적 성취를 존중하고 함께 담론을 이끌어갈 동반자로 여겨야 한다. 이러한 공동체적 동반자 정서가 형성될 때, 아시아가 서구에 기독교를 가르치고, 성경을 가르치고, 신학하는 방법을 가르치고, 신학을 전수할 시대가 올 것이다.

아시아 기독교의 미래

서구 신학이 서구 세계를 모판으로 하여 세계 기독교 역사에 기여해온 것처럼, 우리도 아시아의 현실에 뿌리를 내린 신학을 만들어 세계 기독교에 기여할 때가 되었다. 아시아 기독교의 미래는 기독교를 연구하고 터득하는 방식, 즉 신학하는 방식을 바꾸는 일에 달려 있다고 해도 과언이 아니다. 이것은 단순히 기독교 혹은 기독교 신학을 아시아화하는 작업이 중요함을 강조하는 차원에 그치지 않는다.

아시아 신학은 신학하는 목적, 방향, 방법론에 있어 이제까지 서구 신학이 제시할 수 없었던 새로운 측면들을 제시하고 그 돌파구를 찾아야 한다. 아시아 기독교가 아시아 문화와 긴밀하게 교섭할 수 있는 실제적이고 구체적인 방안을 찾아야 한다. 또한 기독교의 진리가 아시아 기독교인들과 아시아인의 '현장 신앙'이 될 수 있는 방안도 모색해야 한다. 기독교가 명실상부한 아시아 종교로 자리매김할 수 있는 신학적 기초도 놓아야 한다. 결국 이러한 작업을 통해 서구에서 쇠퇴하고 있는 세계 기독교가 활성화되고, 새로운 기독교 중심으로 등장할 아시아 교회가 복음의 담지자요, 세계 선교의 주체로 제 역할을 감당하게 될 것이다.

2부

탈서구화와
21세기의 교회

4장

초대교회에서 배우는
21세기 교회 모델

앤드류 월즈 (Andrew Walls)

왕성한 활동을 하며 일생을 보낸 영국의 청교도 리처드 백스터(1615-1691)는 말년에 내적 성찰과 자기 분석을 하면서, 자신이 처음에 가졌던 생각을 바꾸게 된 계기와 지금이라면 그렇게 하지 않았을 일들을 되돌아보았다.

나는 기도할 때 영국 너머에 있는 세상을 바라보지 못했다. 이 세상에 존재하는 다른 지역에 대해 거의 고려하지 못했다. 유대인들의 회심을 위해 기도한 적은 있지만 그것이 전부였다. 그러나 이제 돌이켜 생각해보니, 이 세상이 돌아가는 모습과 주기도문이 가르치는 내용을 더 잘 이해하게 되었다. 우리는 내가 태어난 땅에서 발생하는 재난들뿐만 아니라 이교도, 회교도 그리고 이 지구상에 하나님을 모르는 무지한 나라

에서 일어나는 각종 재난에 의해서도 영향을 받을 수밖에 없다.[1]

정통 칼뱅주의자였던 백스터는 하나님이 영국이라는 좁은 지역에 국한하여 은혜를 베푸셨다는 사실에 감격했고, '언어를 흩어버리신' 하나님의 저주에 대해 묵상했다. 그는 "우리가 타타르족, 투르크족 그리고 이교도들의 세계로 들어가서 그들의 언어를 말할 수 있는 정도가 되었다면 족하다"고 말했다. 즉 그들 국가의 종교 규정을 충족시키지 못했다는 이유로 복음을 전하지 못하게 되었더라도 그다지 애통해할 필요가 없다는 것이다. 그의 글을 읽으면 백스터의 시대와 우리 시대 사이에 약간의 차이가 있음을 하게 된다. 백스터가 3백 년 뒤에 올 세상을 볼 수 있었다면, 구원 얻는 지식이 지리적으로 제한되어 있다는 관점을 당연히 수정했을 것이다.

그가 청교도적인 감각을 소유한 사람이었기에, 세월이 지나 자신의 땅 영국이 기독교 신앙에서 점차 떠나게 되더라도 아프리카, 아시아 그리고 중남미 지역에 대다수 기독교인이 존재하는 현실을 보았다면, 안도감을 느꼈을 것이다. 또한 언어의 다양성이 복음 전파에 방해되는 폐단일 뿐이라는 견해도 바꾸었을 것이다. 언어란 사고방식과 관습의 다양성을 담고 있는 껍질에 불과하며, 기독교의 복음은 현지인들의 사고와 관습의 세계로 번역되어야 하기 때문이다. 타타르족과 투르크족이 기독교인이 된다면 그것은 기독교가 이제까지 가보지 않았던 새로운 길이 될 것이다. 백스터는 동시대 영국에서는 가장 폭넓은 정신을 소유했던 기독교 지도자 가운데 한 사람이었다. 그랬던 그에게 이와 같은 선견지명이 있었더라면, 그의 기도 제목이었던 이방 나라의 회심에 대해 신약성경이 어떤 가르침을 주고 있는지 좀 더 깊이 묵상할 수 있었을 것이다.

초기 예루살렘의 입장

사도행전 앞부분에 소개되고 있는 초대 기독교는 전형적인 유대 기독교다. 최초의 기독교인들은 예수님의 중요성을 유대적인 용어로 해석하고 이해했다. 예수님에 관한 모든 사항은 유대인의 역사, 유대인의 운명을 배경으로 이해되었다. 최초의 기독교인들은 출생과 사업 관계에 있어 철저한 유대인이었다. 그들은 토라(Torah)와 떼려야 뗄 수 없는 관계에 있는 사람들이었다. 초대교회 지도자로 활동했던 예수님의 형제 야고보는 '의인 야고보'라고 알려졌는데, 그 말에는 율법을 잘 지킨다는 유대적인 의미가 듬뿍 담겨 있다. 그들이 토라를 버릴 이유는 전혀 없었다. 예수님 자신이 율법을 버리지 않는다는 점을 분명히 하셨고 오히려 율법의 일점일획도 빼놓지 않고 모두 성취하실 것이라고 말씀하셨기 때문이다.

    그들은 성전과도 뗄 수 없는 관계에 있었다. 그들은 성전에서 정기적인 모임을 가졌고, 그들이 드렸던 예배도 성전 의식을 그대로 모방하였다. 동물 제사도 폐기하지 않았다. 단지 새로운 맥락, 즉 야훼의 종이 자기희생을 했다는 맥락에서 새롭게 이해했다는 차이가 있었을 뿐이다. 무엇보다도 그들은 예수님을 하나님의 대리자 메시아로 깨달았다. 그들은 예수님의 십자가 죽음과 부활을 강조함으로써 유대인들이 전통적으로 알고 있던 메시아 개념에 수정을 가했다.

    그러나 이는 전통적인 메시아 개념을 폐기한 것이 아니었다. 오히려 '인자' 개념과 '고난 당하는 종'의 개념을 연결하여 전통적인 메시아 개념을 확대시켰다. 예수님은 일차적으로 이스라엘 민족의 구원자요, 이스라엘을 구속하고 이스라엘의 중요성을 열방에 드러내실 메시아로 이해되었다. 초기 예루살렘 기독교인들에게 예수님은 유대 민족의 구원자였고 그의 사역은 이스라엘의 운명과 연관하여 이해되었다.

    가장 초기에 생성된 기독교 공동체는 즉각적으로 이방 선교에 나서지 않았다. 그들은 할 일이 많았다. 사도행전의 기록을 보면 (행 10:1-11:18), 고넬료와 같이 유대인이 아닌 이방인도 예수님에 대해 알고 있었다. 당시 팔레스타인에는 유대 종교와 도덕에 관심을 가진 이방인들로 구성된 아주 작은 모임이 있었는데, 고넬료는 거기에 속해 있었다. 하지만 초기 예수님 공동체가 이방인도 이해할 수 있고 적용할 수 있는 방법으로 예수님을 전파하려고 애썼던 흔적은 찾아보기 어렵다. 그런데 대단히 의미심장한 사건이 안디옥에서 일어났다. 그것은 예루살렘 박해로 쫓겨난 익명의 예루살렘 출신 기독교인들이 안디옥에 와서 '헬라인들' 즉 이방인들에게 예수님을 전파하기 시작한 일이다(행 11:20). 이 과정에서 예수님에 대한 이해가 새로운 지평으로 옮겨가게 되었다. 왜냐하면 예루살렘에서 온 기독교인들이 예수님을 메시아로 전파하지 않고 오히려 '주님'(kyrios)으로 전파했기 때문이다. 헬라어를 사용하던 안디옥 이방인들이 '메시아' 개념을 어떻게 이해할 수 있었겠는가?

'주님'이라는 용어는 지중해 동부 지역의 제 종교 집단이 자기들의 신을 부를 때 사용했던 용어다. 이러한 과감한 타문화 번역(cross-cultural translation)과 기묘한 상징 빼앗기(symbol theft)는 기독교 역사에 새로운 지평을 여는 획기적인 일이었다. 그러한 번역은 예수님을 헬라적으로 이해할 수 있는 길을 열어주었다. 이러한 새로운 이해가 예수님에 대한 이전의 이해를 무효화 한 것은 결코 아니었다. 왜냐하면 메시아로서의 신분은 '그리스도 예수님'이라는 칭호를 사용함으로 지속적으로 인정되었기 때문이다. 하지만 예수님에 대한 이해는 이제 새로운 사고 세계를 배경으로 형성되었다.

이러한 상징 빼앗기는 좁은 의미의 대등 번역(equivalence translation)과 다르다는 사실을 주목해야 한다. '메시아'라는 단어 자체를 헬라어로 번역하는 것은 전혀 어려운 일이 아니었다. 이미 그보다 수백 년 전에도 그런 용어가 존재했다. 헬라어를 사용하던 유대인들도 '그리스도'('메시아'에 해당하는 헬라어 번역-옮긴이)의 도래를 기대했다. 그러나 '그리스도' 혹은 '기름 부음을 받은 자'라는 개념이 안디옥 이방인들에게 어떤 의미를 가질 수 있는가? 오히려 안디옥 사람들의 종교의식 안에 이미 존재하고 있던 개념으로 설명하는 것이 이해하는 데 더 도움이 될 것이다. 사람들은 이미 자신들 안에 존재하는 개념을 통해 새로운 개념을 이해하기 때문이다.

언어의 다양성에 대한 백스터의 견해가 정확하지 않은 이유가 바로 여기에 있다. 타타르족의 언어와 투르크족의 언어를 구사할 수 있다고 해서 그 자체로 이방인들에게 복음을 이해시킬 수 있는 것은 아니다. 복음에 대한 진정한 이해는 낯선 용어를 타타르 사람들의 단어로 단순히 번역하는 것으로 이루어지지 않는다. 그보다 깊은 차원의 번역이 일어나야 한다. 즉 그리스도에 관한 용어들이 타타르 사람들의 의식 속에 이미 존재하는 어떤 것에 의해 조명받도록 할 때 가능하다.

안디옥에서 일어난 일은 기독교 공동체의 지도자나 사도들이 아니라 잘 알려지지 않은 평범한 기독교인들에 의해 이루어졌다. 이러한 번역은 기독교 공동체 안에서 매우 창조적인 작업을 시작하게 했다. 바로 이방인을 향한 선교다. 이방 선교는 예루살렘 교회가 아닌 안디옥 교회에 의해 시작되었다. 이방 선교의 기수들은 서아시아, 그리스 및 발칸 반도 지역을 두루 다녔다. 그들은 유대인 회당을 이용하였고, 회당에 출석하는 이방인들에게 예수님을 전파하였다.

이방 선교의 대표적인 인물은 다름 아닌 바울이다. 그는 유대인 교포로 다소(Tarsus) 출신의 랍비요, 훌륭한 헬라 교육을 받았으며, 승천하신 예수님을 직접 만났던 사람이었다. 안디옥과 서쪽 땅에서 이방인들이 점차 복음에 반응을 보이기 시작했는데, 그들은 최초의 유대 기독교인들과는 매우 다른 삶의 배경을 갖고 있었다. 최초의 기독교 공동체는 메시아적 공동체였다.

그들은 '장차 올 세대' 또는 유대의 운명이 완성될 시대라고 랍비들이 예언한 시대에 자기들이 살고 있다고 생각했었다. 이는 선지서에도 기록되어 있는데, 수많은 이방인이 이스라엘의 하나님을 인정하게 될 것이라고 했다. 이사야가 예언한 대로, "많은 백성이(many nations) 가며 이르기를 오라 우리가 여호와의 산에 오르며 야곱의 하나님의 전에 이르자"(사 2:3) 할 것이다. 예루살렘으로부터 온 기독교인들은 안디옥 교회와 이방 선교의 출발을 보면서 '장차 올 시대'가 드디어 도래했다고 확신했을 것이다.

회심의 길과 개종의 길

이스라엘이 하나님을 믿는다는 사실은 이방인들도 잘 알고 있었다. 유대교는 이미 오랜 선교 전통을 갖고 있었다. 히브리 성경을 헬라어로 번역한 70인경은 선교의 목적, 곧 애굽 왕을 회심시킬 목적으로 번역되었다고 알려진다. 하나님을 영접한 이방인들이 이스라엘 공동체로 받아들여지고 편입되는 것도 낯선 일이 아니었다. 이방인이 유대교인이 되면 그들은 이스라엘에 편입되어야 했다. 하나님의 약속이 이스라엘 민족에게만 주어졌다고 믿었기 때문이다. 하나님의 약속을 받은 이스라엘은 언약 안에서 하나님께 충실하려고 힘썼다. 그것은 하나님의 멍에인 율법을 실천하는 것으로 입증되어야 했다. 언약의 징표는 할례다. 할례는 갓 태어난 유대 남자 아기들과 개종자가 되기로 결심을 한 이방인은 누구나 해야 했다. 신약 시대 이전에는 유대교로 개종할 때 한 단계를 더 거쳐야 했는데, 그것은 세례였다. 세례는 이방 세계에 있을 때 묻었던 더러운 것을 씻어내는 상징적 행위로 이방 세계에서 이스라엘로 건너온다는 의미로 이해되었다.[2]

안디옥과 서방 세계에서 예수님을 처음 믿은 이방인의 경우는 어떠했을까? 그들도 이스라엘에 편입되기 원하는 개화된 이방인이요, 이스라엘의 고난과 영광에 동참하기 원하는 개종자들 아닌가? 이방인 기독교인도 언약의 표인 할례를 받아야 하지 않는가?

또한 언약 백성으로서 지켜야 할 율법 교육을 받아야 하지 않는가? 예루살렘 교회의 지도자들이 이런 생각을 했던 것은 지극히 자연스러운 일이었다. 또한 실제로 그런 주장이 강하게 제기되었는데, 그것도 전혀 이상한 현상이 아니었다. 하지만 그런 제안에 대해 바울은 분개했다. 그는 이방 땅에서 태어나 자란 안디옥 사람이 유대 기독교인의 생활 방식을 따라야 한다는 주장은 일고의 가치도 없다며 이를 거부했다. 예루살렘의 유대 기독교인들은 가장 경륜이 깊은 신자들이었고, 모범적이고 경험이 풍부한 기독교인이었다. 그들은 예수님이 친히 인정하셨던 생활 방식을 유지하고 있었다. 또한 그것은 예수님이 이 땅에 계실 때 채택한 생활 방식이었으며 예루살렘 교회 지도자였던 야고보의 삶의 방식이었다. 그러나 바울은 그것을 이방인들에게 요구할 수 없다며 단호한 입장을 취했다.

이 논쟁은 매우 심각했다. 갈라디아서를 보면 그 논쟁이 얼마나 고통스럽고 마음 상하는 것이었는지 잘 나타나 있다. 오랜 숙고를 거친 후 마침내 예루살렘 교회 지도자들은 바울의 주장을 받아들였다. 사도행전에 보면, 예루살렘 교회 지도자들을 움직인 것은 바울의 웅변이 아니었다. 오히려 예수님을 가장 가까이 알았던 베드로와 의인 야고보의 사려 깊은 판단이었다. 그들은 자신들은 비록 할례를 받고 율법을 지키는 유대인이지만, 이방인 신자들은 유대인이 되지 않아도 메시아 안에서 이스라엘의 일부가 될 수 있다고 인정했다. 이방인 기독교인들은 회심자(convert)이지 개종자(proselyte)가 아니었다.

이 논쟁이 가지는 중요성이나 결과는 아무리 강조해도 지나치지 않다. 이때를 축으로 해서 기독교의 역사가 돌기 시작했다. 적어도 세 가지 흐름이 그 논쟁으로부터 출발했다. 첫째, 이방인 회심자들이 이스라엘에 편입되어야 한다는 개종자 모델을 포기한 것은 기독교 안에 다양한 문화가 나타날 수 있는 토대를 제공했다. 그때 이후로 기독교 안에는 문화적 다양성을 인정해야 한다는 원칙이 영구히 자리 잡게 되었다. 기독교가 만약 개종자 모델을 고집했다면, 기독교인의 생활 방식을 정하는 고정된 규범이 모두에게 강요되었을 것이다. 그리고 모든 기독교인이 실천하지 않으면 안 되는 획일적인 사회 관습이 만들어졌을 것이다. 인종적, 문화적 배경과 상관없이 누구나 그것을 따라야 했을 테고, 그 규범의 내용은 유대 관습이 중심이었을 것이다.

그런 일이 발생했다면, 초대 기독교 공동체에 보낸 신약 서신들도 쓰일 필요가 없었을 것이다. 이방인 개종자들이 친구의 저녁 식사에 가서 제물로 바친 고기를 먹어야 할지 고민할 필요가 없기 때문이다(고린도전서 8장을 보라). 이방인이 기독교로 개종한 친구를 저녁 식사에 초대하는 일도 없었을 것이다. 또한 개종한 사람이 그러한 식사 초대에 응하는 일도 없었을 것이다. 율법을 지키는 유대인들은 절대로 이방인과 함께 식사하지 않는다는 것은 누구나 알고 있었다. 그런데 고린도 교회에 보낸 바울의 서신을 읽으면 헬라 이방인 기독교인들 사이에 전혀 새로운 생활 방식이 나타나고 있음을 알 수 있다. 그것은 베드로나 의인 야고보가 당연하게 여겼던 생활 방식이나 사회생활과 전혀 다른 방식이었다. 그렇다고 해서 그들이 덜 기독교적인 것도 전혀 아니었다.

이 새로운 기독교적 생활 방식은 두 번째 의미심장한 흐름을 만들어냈다. 그것은 개종과 회심의 차이를 알면 분명히 드러난다. 개종자가 되는 것은 하나의 신앙 체계와 생활 관습을 포기하고 다른 민족의 신앙 체계와 관습을 채택하는 것을 의미한다. 따라서 개종자가 되면 기존의 민족적 유대 관계나 사회적 유대 관계를 포기하게 된다. 그것은 일종의 귀화와 같은 것이어서 다른 문화, 다른 환경으로 편입되는 것이다. 일단 그런 결정을 하게 되면 이미 정해져 있는 모든 행동 규범이 주어진다. 이런 개종자 모델에는 선례가 존재하기 때문에 다른 사람들이 걸어간 길을 따르기만 하면 된다. 이와 달리 회심자가 되는 것은 돌아서는 것이다. 돌아서는 것은 질적인 변화가 아니라 방향의 전환을 의미한다. 다른 말로 하면, 회심은 이미 그곳에 존재하던 것을 새로운 방향으로 돌리는 것이다. 그것은 낡은 것을 새것으로 바꿔치기하는 차원의 문제가 아니다. 그렇다면 그것은 개종이다. 초대교회도 이런 입장을 취할 뻔했으나 사려 깊게 생각한 끝에 그러지 않기로 결정했다.

회심은 옛것에 새것을 첨가하는 것도 아니다. 회심은 이미 존재하는 것을 예수님께 향하도록 하는 것이다. 방향을 돌려놓는 것이다. 초창기의 예루살렘 교인들은 그들의 유대적 전통을 그렇게 했다. 과거로부터 전해 받았던 것을 메시아에게 향하도록 함으로써 유대적 전통에 변화를 가져왔다. 하지만 그 전통 유산의 일관성 내지 연속성이 부정된 것은 아니었다. 그러면서도 새로운 '기독교적' 사고와 '기독교적' 삶의 방식이 형성되었다. 그 이유는 예수님이 중심에 계셨기 때문이다. 그들은 예수님께로 돌아섰고, 그래서 '기독교인'이 되었다. 하지만 여전히 유대인이었다. 그와 동일한 과정과 원칙이 이방 기독교인들에게도 적용되었다. 그 결과 개종자 모델을 채택했더라면 제기되지 않았을 각종 희귀한 질문들, 즉 예의범절이라든가 사회적 풍습에 관한 질문들이 끊임없이 제기되었다.

헬라 기독교인은 회심 이후에 기존의 사회생활 및 가정생활이 예수님의 영향력 아래 놓이게 되었다. 회심은 사람들로 하여금 기독교인의 사회적 정체성 혹은 기독교적 정체성을 가지고 일상생활에 임하도록 만들었다. 그래서 내부자의 관점에서 전통적인 삶의 방식에 도전을 던지고 개혁을 하도록 만들었다. 이것은 매우 위험한 과정이기도 했다. 애매 모호하거나 어려운 영역도 있었다. 회심자에게는 늘 모험과 긴장, 논란이 뒤따랐다. 만약 개종자 모델이 채택되었다면 이미 모든 것이 정해져 있어서 잘못된 방향으로 나갈 여지도 없었을 것이다. 개종의 과정에는 그러한 논쟁이나 모험의 여지를 애당초 잘라버리기 때문이다.

믿음에 대한 헬라적인 이해

이미 있던 것들을 예수님께 향하도록 하는 회심의 원동력은 기독교 역사에 세 번째로 중요한 흐름을 형성했는데, 기독교를 이해하는 폭을 넓힌 것이다. 사도행전 11장에 언급된 무명의 기독교인들은 유대인이었다. 그들은 유대의 전통 개념들을 사용해도 복음의 핵심을 이해하는 데 아무런 어려움이 없는 사람들이었다. 그럼에도 불구하고, 안디옥에 살고 있는 헬라 이교도들에게 예수님을 전파하면서 자신들에게 친숙한 개념들이 아닌 이방 세계의 개념을 사용했다. 이는 루비콘강을 건너는 것과 같았다. 퀴리오스 사라피스와 나란히 퀴리오스 예수님을 호칭으로 사용했다. 이러한 호칭은 안디옥 사람들이 쉽게 이해할 수 있는 것이었다. 하지만 동시에 위험도 따르는 것이었다. 신중하고 보수적인 형제들은 혼합주의의 가능성이 있어서 그와 같은 칭호를 사용하지 말자고 주장했을 것이다. 이교도와 저녁 식사를 할 때 고기를 먹어야 할지 문제가 되는 것처럼, 이렇게 과감한 번역을 한 것은 단순히 대등한 용어를 찾아 번역하는 차원과는 전혀 다른 문제였다.

예수님의 정체를 해석하고 설명하기 위해서 헬라 언어와 헬라적인 사고가 동원되는 과정에서 전통적 개념들은 확대되고, 조정되고, 보충되고 또한 새롭게 정의되었다. 즉, 헬라의 지적 담론으로 들어가서 그 담론이 예수님을 향하도록 만든 것이다. 이 과정은 여러 세대가 지나야 완성될 수 있다. 그러나 그것이 기독교의 미래를 위해 얼마나 중요한가는 에베소서에 이미 암시되어 있다. 에베소서는 유대인과 이방인들의 연합으로 구성되는 단일 공동체 즉 교회 공동체가 등장했음을 알려주고 있는데, 이방인들이 공동체에 들어옴으로써 비로소 예수님의 몸이 온전하게 되었다고 말하고 있다. 에베소서는 기독교가 이방 기독교인의 정신세계와 사회로 전파되는 것을 예수 그리스도가 점점 자라는 것으로 말하고 있다. 또한 예수님이 이 세상에 계실 때 팔레스타인 지역을 고향으로 삼으셨던 것처럼, 이방 세계도 예수님이 거주하시는 장소가 되었음을 보여준다. 우리는 헬라의 사유 세계가 그리스도께로 회심하는 과정에 세 단계가 있음을 확인한다.

첫 번째, 선교사 단계 (Missionary Stage)

선교사 단계는 바울 사도에 의해 대표되는데, 바울은 선교사들 가운데 가장 열려 있고 상황 적응력이 뛰어난 사람이었다. 그는 새로 기독교인이 된 사람들은 예루살렘에 있는 1세대 기독교인들과 다른 생활 방식으로 살아도 전혀 문제가 되지 않는다고 생각했다. 선교사로서 그는 이방인의 생활 방식을 따라 살려는 준비도 되어 있었다. 그는 "율법 없는 자에게는 내가 율법 없는 자와 같이 된 것은 율법 없는 자들을 얻고자 함이라"(고전 9:21)고 하였다. 구브로와 구레네에서 안디옥에 왔던 이방 기독교인들과 같이 사도 바울도 이방 세계의 상징들을 당당하게 가져와 사용했다. 바울은 '충만'이라는 헬라의 철학 개념을 과감하게 가져다가 그것을 예수님께 적용했다. "아버지께서는 모든 충만으로 예수 안에 거하게 하시고"(골 1:19).

'충만'은 초월적인 하나님과 물질계인 우주 사이에 일어나는 모든 유출의 총체를 지칭하는 용어다. 그리스도를 모든 유출의 충만으로 설명함으로써 예수님에 대한 이해를 한 차원 끌어올렸다. 이 개념으로 인해 예수님의 우주적 역할이 메시아라는 차원을 넘어 이해되었기 때문이다. 선교사로서 바울은 헬라 세계의 어휘들을 차용하여 예수님에 대한 이해의 지평을 한 단계 더 넓혀주었다.

두 번째, 회심자 단계 (Convert Stage)

선교사 단계를 지나 또 다른 차원의 번역이 진행되었다. 그것은 회심 단계이다. 순교자 저스틴이 그 대표적인 인물이다. 그는 헬라 지성인으로, '철학의 참된 목표는 신(神)을 보는 것'이라는 플라톤의 선언을 신봉했고 지적, 종교적 순례를 했던 사람이다. 저스틴은 전통 철학이 제공하는 방법을 통해서는 그러한 목표를 이룰 수 없다는 생각에 실망과 좌절을 겪었다. 그러다가 유대교 및 기독교 성경에서 그 가능성을 발견했다. 그는 성경의 내용을 헬라 철학적 담론으로 담아내면서, 철학 선생으로 일생을 보냈다. 그는 순교를 당하기까지 기독교야말로 참된 철학이라는 자신의 확신에 따라 살았다.

저스틴이 평생 씨름한 문제는 정체성의 문제였다. 헬라인으로서 가지는 지적 정체성과 더불어 기독교인으로서의 정체성을 어떻게 유지할 수 있는가 하는 문제였다. 그것은 자신의 삶과 심성을 형성했던 헬라의 지적 전통이 쉽게 없어지지 않았기 때문이었다. 크와메 베디아코(Kwame Bediako)는 기독교로 회심한 헬라 사상가들이 가졌던 가장 핵심적인 문제가 정체성의 문제였다고 지적했다. 동시에 베디아코는 20세기를 살고 있는 아프리카 기독교인들도 같은 문제로 씨름하고 있다는 사실을 주목하였다.[3]

저스틴이 안고 씨름한 문제는 바울이 경험한 영역을 벗어나 있었다. 바울은 어린 시절부터 헬라적인 세계에 친숙했지만 그 자신은 헬라인이 아니었다. 그는 아무런 거리낌 없이 헬라적인 상징이나 개념을 차용했지만, 자신의 진정한 고향은 이스라엘이고, 자신이 태어난 지 8일 만에 할례를 받은 베냐민 지파 후손이고, 또한 가말리엘 문하생이라는 사실을 잊지 않았다(롬 11:1, 행 22:3). 그러나 저스틴의 고향은 이스라엘이 아니었다. 그로서는 자신이 살던 세계로 그리스도를 모시고 가는 일이 최선이었다.

저스틴의 판단 기준은 성경이었다. 성경은 그가 물려받은 전통 유산을 평가하고 교정하는 기준이었다. 성경에 비추어 그는 자신이 물려받은 전통 유산 가운데 어떤 것은 긍정적으로 받아들였고, 어떤 것은 수정하였으며, 또 어떤 것은 버렸다. 헬라 개념들이 새로운 의미를 부여받고 확장된 것처럼, 성경의 개념에도 동일한 일이 일어났다. 저스틴은 성경의 '로고스'(logos) 개념을 헬라 사유 세계와 접목시켰다. 그 과정에서 요한복음의 저자가 '로고스'라는 용어를 사용하면서 의도했던 범위를 넘어가지 않을 수 없었다. 다만 요한복음 저자의 증언과 양립될 수 없다거나 아니면 초대교회 전승과 다른 것은 아니었다. 저스틴은 로고스를 '말씀'과 함께 '이성'으로도 해석했다. 그렇게 함으로써 예수님이 성육신하시기 전에도 헬라 세계에서 활동하고 계셨음을 강조했다.[4]

바울과 같이 저스틴은 이스라엘의 하나님은 이방인의 하나님도 되신다고 강조했다. 하지만 바울이 생각할 수 없었던 차원으로 그 의미를 발전시켜 나갔다. 로고스(이성)에 일치한다면 어떤 것이라도 궁극적으로 '로고스' 그 자체, 즉 이 세상을 창조하시고 유지하고 계시는 '원형 로고스'(the Logos)로부터 온 것이다. 저스틴은 단번에 자신이 살던 세상(물론 죄악이 관영하고 사악한 일들이 가득한 세상을 인정하면서도) 안에서 성육신하시기 전 그리스도가 활동하셨음을 논증했다. 그러한 논증을 통해 그는 이 세상의 기원 및 창조 목적과 관련하여 예수님의 사역을 이해하는 또 다른 차원을 열어주었다.

세 번째, 재형성 단계 (Reconfiguration Stage)

이 단계는 회심자 다음 세대, 즉 기독교 신앙 안에서 자라고 동시에 기독교 이전의 문화적 전통 유산도 물려받은 세대에 해당한다. 그들은 기독교 신앙과 전통적 유산 모두 긴장을 느끼지 않는다. 백과사전적 사상가였던 오리겐이 이 단계의 대표자라 할 수 있다. 이방의 사유 세계와 기독교의 세계를 총체적으로 교섭하도록 하는 시도가 얼마나 큰 도전이며 위험스러운 일이었는지 오리겐만큼 잘 보여주는 사례도 없을 것이다. 그의 신학 작업은 전적으로 헬라의 사유 세계 안에서 이루어졌다. 그는 헬라 사상과 개념에 통달했으며 동시에 성경에도 정통했다. 그는 성경의 모든 내용이 자신이 살던 헬라 정신세계에 그대로 적용될 수 있음을 철저히 확신했다.

오리겐은 헬라의 지적, 학문적 전통 유산 전체를 기독교적 용어로 바꾸려고 시도했다. 그의 그러한 목표는 그의 성경 주석에 잘 드러나 있다. 그는 성막 안의 금을 생각해보라고 말한다. 광야에서 하나님의 임재를 상징하는 황금 스랍을 어떻게 만들었는지, 만나를 담았던 금단지나 지성소의 용기들은 어떻게 만들었는지 생각해보라고 말한다. 이러한 귀금속들은 모두 애굽 사람들로부터 빼앗아 온 것들이었다. 성막의 휘장은 모두 애굽산(産) 천으로 만들어졌다. 기독교인들이 해야 할 작업은 이방 세계로부터 재료들을 취해서 그것으로 하나님을 예배하고 하나님을 영화롭게 하는 도구로 만들어내는 것이다.

이방 세계를 취했던 신학

오리겐과 그의 뒤를 이은 신학자들이 한 일이 바로 이것이다. 우리가 초대교회 기독교 신학이라고 부르는 것, 교리 신조 및 신앙 고백은 헬라의 정신세계에 속한 재료를 가지고 또한 헬라의 방법론을 통해 형성한 것이다. 이스라엘 백성이 애굽에서 재료를 취했던 것처럼 초대교회 기독교인들은 이방 세계가 사용하던 신플라톤 철학 전체를 빼앗아 와서 삼위일체 교리를 만들었다.

그리스도가 헬라의 사유 세계로 전파되면서 예수님에 대한 헬라 세계의 질문이 제기되었는데, 이것은 이전에 유대 세계에서 예수님을 이해한 지평보다 훨씬 더 위대하고 웅장하고 더 넓게 활동하고 계신 분으로 이해하도록 도와주었다. 그뿐만 아니라, 하나님과 인류의 관계도 훨씬 더 깊다는 사실을 깨닫게 해주었다. 새로운 문화 집단이 그리스도의 몸인 교회 안으로 들어오게 될 때 비로소 그리스도의 모습 전체가 온전히 드러나는 것이다. 이렇게 해서 이방 아테네의 사유 세계 전체가 힘겨운 과정을 거쳐 새 예루살렘을 향하여 방향 전환을 하게 되었다. 신플라톤 철학의 재료를 가지고 하나님을 예배하고 하나님께 영광을 돌리도록 만든 훌륭한 기독교 사상가는 다름 아닌 히포의 어거스틴이었다.

21세기의 흐름: 제3세계의 등장

이 글의 서두에서 언급한 것을 다시 생각해보자. 리처드 백스터가 살았던 1691년 무렵의 기독교 세계와 우리 시대의 기독교 세계 사이에는 커다란 차이가 있다. 이제는 기독교인 대부분이 아프리카, 아시아, 그리고 중남미 지역에 살고 있다. 그리고 그 지역의 기독교인의 수는 점차 증가하고 있다. 기독교는 이제 비서구 세계의 종교가 되었고 앞으로는 더욱 그렇게 될 전망이다. 이 글에서 관찰한 내용이 타당한 것이면, 우리는 앞으로 아프리카, 아시아 및 중남미 지역의 사상적, 도덕적 전통 유산을 그리스도께 향하도록 하는 신학적 작업에 특별히 주목해야 한다. 아프리카나 아시아 기독교인들이 가지는 기독교적 의식 속에는 어쩔 수 없이 기독교 이전의 전통 문화적 유산과 종교적 유산이 들어 있다. 과거 기독교 역사를 되돌아보면, 이러한 전통 유산은 다른 새로운 것으로 대체되지 않는다. 그랬다면 그것은 개종의 길이었을 것이다. 오히려 그러한 전통 유산은 그리스도를 향해 방향을 돌렸다. 회심이었다.

살아 움직이며 역동하는 기독교 신학은 성령님의 인도를 따라 전통적, 종교적 유산을 재료 삼아 그것을 그리스도께 향하도록 만드는 과정에서 형성되었다. 아프리카와 아시아, 아메리카 인디언과 중남미 사람들의 종교 유산을 진지하게 연구해야 하는 긴급한 이유가 여기에 있다. 이것은 기독교 신학의 형성에 매우 중요하다. 사실상 그러한 전통적 유산이 이 세상에 존재하는 다양한 기독교 공동체의 신앙과 기독교적 삶의 기저를 형성하고 있다.

기독교 역사는 예수님이 이방인의 언어와 문화로 전파되면서 예수님에 대한 이해가 점차 확장되었음을 보여준다. 우리 시대에도 기독교가 아프리카나 아시아의 문화와 교섭하는 가운데 예수님에 대한 이해가 또 다른 차원으로 확장될 것이다. 기독교의 2천 년 역사가 우리에게 가르쳐준 것처럼, 21세기 기독교 신앙과 신학은 아프리카, 아시아 및 중남미의 전통 문화와 종교 유산에 뿌리를 두면서도 동시에 경건하고도 철저한 기독교적 통찰을 바탕으로 형성될 것이 분명하다.

5장

기독교의 미래

••

오리겐을 통해 본 전망

앤드류 월즈 (Andrew F. Walls)

　기독교는 이제 더 이상 서구의 종교가 아니다. 기독교 신자의 대다수는 아프리카, 아시아, 남미 및 태평양 지역에 살고 있다. 앞으로 이들 남반구에서 전개되는 기독교가 21세기나 22세기 세계 기독교의 모습을 결정할 것이다. 이들은 날마다 자신의 문화와 교섭하고 있으며, 그 결과 날마다 새로운 방식으로 믿음을 표현하며 성장하고 있다. 기독교 역사를 연구하는 입장에서 볼 때에는, 이것은 마치 기독교의 역사가 다시 시작하는 것과 같다. 오늘날 서구 기독교인들은 서기 66-70년 로마와의 전쟁으로 예루살렘을 등지고 떠나야 했던 예수님의 제자들과 흡사하다. 이스라엘로 돌아갈 수 없었던 유대인 기독교인들은 한편으로 잃어버린 고향, 무너진 예루살렘 성전을 그리워했을 것이다. 하지만 예루살렘 교회가 미처 알지도 못하는 사이에 안디옥에 (그리고 아시아와 그리스와 로마에) 예루살렘 성도의 수보다 훨씬 더 많은 기독교인이 있는 것을 보고 위로를 받았을 것이다.

기원후 70년의 대학살 이후 살아남았던 유대인 기독교인들은 예수님에 대한 신앙이 이전과는 매우 다른 방식으로 전개되리라고 감지했을 것이다. 새로 기독교인이 된 이방 성도들은 예루살렘 성도들과 같은 성전 개념 혹은 율법을 갖고 있지 않았다. 그들에게는 구약의 선지자들도 없었고, 히브리어로 낭송되는 시편도 들은 적이 없었다. 그들의 자녀는 할례를 받지 않았으며, 아무런 거리낌 없이 돼지고기를 먹었다. 그들은 신앙생활, 사회생활 및 도덕적 선택에 관한 질문을 끊임없이 제기했는데, 그 질문들은 예루살렘 교회에서는 제기되지 않았던 것이었다. 예루살렘 성도들이 보여준 기독교적 삶의 전통은 재산을 공유하고, 집집마다 돌아가면서 식사를 나누고, 성전 기도에 함께 참석하는 것이었다. 예루살렘 교회의 지도자는 구약 율법을 여전히 지키는 의로운 자, 야고보였다.

그런데 오늘날 그때와 유사하게 예수님을 믿는 방식에 엄청난 변화가 일어났다. 지난 한 세기동안 기독교 역사, 특히 남반구에서 일어난 기독교의 확장을 보면, 기존 기독교 연구의 틀을 뒤흔들어 놓는 엄청난 변화가 있었음을 확인하게 된다. 기독교 역사를 연구하는 전통적 담론을 주도해왔던 가정은 대략 다음과 같다. 오래전 로마 제국의 종교였던 기독교가 서구의 종교가 되어 서구 문화 형성의 기초를 이루었다. 하지만 현대에 들어와서 지역에 따라 정도의 차이는 있지만, 그 영향력이 상실되고 있다. 그럼에도 기독교는 여전히 서구 문화에 중요한 부분을 차지한다. 이와 달리 비서구 세계는 주로 동양 종교의 영향을 받았다.

서구 세계가 비서구 세계를 지배했던 식민 시대가 끝나자 그와 함께 서구 선교 운동의 역사도 끝났다. 그동안 서구 선교는 동양의 문화와 종교를 서구의 문화적 모델로 바꾸려는 시도였다고 할 수 있는데, 결국 성공하지 못했다. 서구가 선교를 통해 전수한 기독교 문화 모델은 매우 다양하다. 하지만 아직도 기독교를 표현하는 방식에 변화가 일어난 사실은 인정하지 않고, 지리적인 차원에서 비서구 세계로까지 확장된 사실만 강조하는 경우가 있다. 이것은 마치 서기 70년, 예루살렘 성이 무너지기 직전까지 예루살렘 교회가 사마리아나 안디옥에서 성장하는 기독교를 감시하고 조사하기 위해 감시관들을 계속 파견해야 한다고 한 것과 흡사하다.

지나간 역사, 새로운 이해

이제 그런 관점은 더 이상 통하지 않는다. 기독교는 비서구 종교가 되고 있다. 기독교의 새로운 역사가 시작되었다. 그리고 과거 역사에 대한 새로운 해석도 가능해졌다. 비서구 세계의 기독교 역사는, 새로운 요소들의 등장에도 불구하고, 엄연히 서구 기독교와 연속성을 가진다.

동시에 비서구 세계의 각기 다른 지역에서 전개되는 기독교의 다양한 모습 속에 일관성이 있다. 다른 말로 하면, 비서구의 기독교를 연구하는 자료는 현재 각 지역의 기독교와 사회 현실을 조명하는 데 필요하며, 동시에 과거 기독교의 역사, 특히 서구 교회사와 서구 사회의 역사를 조명하는 데에도 도움이 된다. 여기의 '비서구 기독교 연구'란 기독교 역사의 새 시대가 열렸다는 관점에서 전개되는 모든 신학적 연구 전체를 의미한다. 이 자료들은 기독교 신앙의 본질을 밝히고 설명하는 데 도움을 줄 것이다.

여러 이유가 있겠지만, 역사학·사회학 및 언어학의 영역과 비교할 때, 신학 분야는 이들 비서구 기독교에서 발견되는 자료로부터 그다지 많은 도움을 얻지 못하고 있다. 선교 운동을 통해 제기된 신학적 이슈들이 이제야 조금씩 서구 신학계에 영향을 주는 정도다. 따라서 이 시점에서 비서구 기독교 연구가 어떤 작업을 하는 것인지에 대해 좀 더 깊이 생각해보는 것은 매우 적절한 일이다. 우리는 초대교회 역사에서 현재 우리가 직면한 상황과 유사한 환경에서 신학 작업을 했던 사례를 찾고, 우리가 의미하는 차원의 기독교 연구가 언제 어디에서 시작되었는지 확인해야 한다.

과거 기독교 역사에 우리가 오늘날 전개하려는 방식의 신학 작업을 했던 신학자가 있는가? 기독교 연구의 창설자 내지 개척자라는 이름을 붙일 정도는 아니라도, 그런 작업을 대표적으로 수행한 신학자는 있었는가? 새로운 상황이 요구하는 신학을 하고, 오늘을 사는 후배들에게 귀감이 될 만한 그런 신학자가 있었는가? 유세비우스를 교회사의 아버지라고 한다면, 기독교 연구의 아버지로 불릴 만한 사람은 누구일까? 후보자는 여러 명이다. 나는 그 가운데 한 명을 주저 없이 지명하는데, 그 이유는 그가 복음과 문화 사이에서 교섭한 대표적인 예이기 때문이다. 그의 신학 작업은 기독교 연구의 원재료를 제공해준다. 그는 복음과 문화가 만나는 과정에서 제기되는 이슈들을 가지고 진지하고 치열한 씨름을 했던 당대의 대표적인 지성인이었다.

그는 주후 185년 어간에 알렉산드리아에서 태어났다. 그의 이름은 오리겐(Origenus)이다. 이 이름은 이집트의 신 호루스(Horus)에서 온 것인데, 아마 이집트 시골 가문 출신이 아닐까 추정된다. 오리겐의 생애는 워낙 잘 알려져서 여기서 자세히 다루지 않아도 될 것이다. 오리겐의 글이 아닌 다른 출처만도 세 군데나 된다. 가장 중요한 기록은 유세비우스의 「교회사」 *Ecclesiatical History*이다. 유세비우스는 오리겐을 직접적으로 알지는 못했지만, 자신이 존경하는 선생 판필루스(Phanpilus)의 스승이었다는 이유로 그를 존경했다. 유세비우스의 기록에 과장이 섞여 있다는 사실은 누구나 아는 바이지만, 그의 기록을 과소평가하면 곤란하다.

오리겐에 관한 유세비우스의 기록은 (지금은 모두 소실되고 없는) 원자료에서부터 소문에 이르기까지 광범위하다. 그는 이 자료들을 사용하면서 어떤 것이 원자료에 근거한 것이고 어떤 것이 소문에 근거한 것인지 모두 밝히고 있다. 소문에 근거한 자료를 빼더라도 그 양은 상당한데, 오리겐과 동시대를 살았던 그 누구보다 오리겐의 생애와 가치에 대해 믿을 만한 자료를 많이 제공하고 있다.

오리겐에 관한 두 번째 자료는 그의 제자 그레고리 싸우마트르구스(Gregory Thaumaturgus)에 의한 것이다. 그는 북부 아나톨리아 이방 가문 출신으로, 자신의 고향인 폰토스를 복음화하는 데 중추적인 역할을 했다. 그가 폰토스에서 사역을 시작했을 때 그곳에는 17명의 기독교인밖에 없었다. 하지만 그가 죽었을 때는 그 지역에 기독교인이 아닌 사람이 17명밖에 없었다는 말이 전해진다. 그는 매우 독특한 상황을 통해 오리겐을 만났다. 그의 처남이 팔레스타인의 행정관으로 임명을 받고 부임했는데, 그는 여동생을 호위해서 가이사랴까지 동행했다. 그곳에서 그는 오리겐의 강의를 듣게 되는데 그것이 그의 인생을 바꾸어 놓았다.

오리겐에게 보낸 글에서 그는 자신이 오리겐에게 얼마나 큰 빚을 지고 있는지, 그리고 오리겐의 교수법과 실천은 어떠했는지 자세히 적고 있다. 오리겐이 그레고리에게 보낸 편지도 남아 있는데, 아마 그레고리의 글보다 몇 년 앞선 것으로 보인다. 오리겐은 편지에서 그레고리에게 연구에 전념하고 능력을 계발하도록 권면

했다. 그렇게 하면 법률가로서 부를 얻거나 또는 철학자로서 명성을 얻을 수 있다고 말한다. 오리겐은 법률과 철학이 기독교 연구의 기초가 된다고 보았는데, 이 주제에 관해서는 나중에 다시 언급하기로 하자.

철저한 헬라인, 철저한 기독교인

세 번째 자료는 다소 문제가 있기는 하지만 매우 흥미로운 것이다. 그것은 반기독교 철학자였던 포르피리(Porphyry)의 기록인데, 그는 오리겐을 잘 안다고 주장했다. 그의 기록에 관해서는 유세비우스도 알고 있었다 포르피리는 자신의 영웅이었던 플로티누스(Plotinus)와 함께 오리겐도 당대 가장 영향력 있던 알렉산드리아 학자 암모니우스 사카스(Ammonius Sacccas)의 제자였다고 적고 있다. 그는 오리겐이 엄청난 명성을 스스로 저버린 사실을 인정하면서도, 그것이 이성적인 행동에서 벗어났다고 말한다.

> 헬라 학문에 정통한 헬라인 오리겐은 야만적이고 무모한 행동을 보였다. …… 그는 자기 자신과 자신의 문학적 재능을 길거리에 팔았다. 그의 삶의 방식은 기독교적이고 따라서 법에 벗어난 것이었지만, 물질적인 것과 신에 관한 그의 견해는 헬라적이었다. 그는 헬라적 개념들을

도입해서 이방인의 우화를 설명했다. 그는 플라톤을 공부했으며, 누메니우스, 크로니우스, 아폴로파네스, 롱기누스, 모데라투스, 니코스트라투스 및 피타고라스학파의 저명한 학자들에 정통한 실력자였다. 그는 스토아학파의 카이레몬과 코르누투스의 저술을 통해 수사학적 해석을 배웠는데, 그것을 유대인의 저술을 해석하는 데 활용했다.[1]

포르피리는 오리겐이 상당한 학식을 가지고 있었으며 그것이 피상적인 수준이 아님을 인정하고 있다. 사실 오리겐은 플라톤에 정통했으며 플로티누스가 사용한 주석서를 활용했다고 말하고 있다. 그러나 포르피리는 그러한 학문이 기독교와는 어울리지 않는다고 믿었다. 왜냐하면 기독교인은 '야만인적인 무모함'에 갇혀 있는 사람들이며, 따라서 헬라 학문과 기독교인은 양립할 수 없다고 여겼기 때문이다. 다른 말로 하면, 기독교인들은 헬라 세계의 지적 유산에 등을 돌렸다는 뜻이다. 그런데 헬라인 오리겐이 유대인의 책에 권위를 두고, 야만의 세계와 하나가 된 것이다. 포르피리는 헬라적인 것과 기독교는 하나가 될 수 없다고 생각했다. 그는 자신의 글에서 오리겐이 헬라인으로 (이방인으로) 자랐고 이후에 기독교로 회심했다고 말한다.

그러나 이것은 사실과 다르다. 유세비우스는 오리겐이 기독교 가정에서 태어나 자랐음을 상세히 기록하고 있다. 포르피리의 실수는 우리에게 중요한 사실을 알려준다. 그는 기독교인으로 자란 사람이라도 오리겐과 같이 헬라의 학문에 깊은 조예를 가질 수 있음을 깨닫지 못했다.

그에 따르면, 오리겐은 기독교인으로 살았고 (따라서 불법적이요 반사회적인 태도를 가지고), 지적으로는 헬라적인 사고를 했으며, 신을 언급할 때 헬라 개념을 활용했다. 또한 유대 문학이나 기독교 문학에 헬라의 아이디어들을 활용했다. 포르피리는 그리스인의 정체성이 다신교의 유산을 받아들이는 것과 분리될 수 없다는 생각에 잡혀 있었던 것이다. 오리겐이 중요한 이유는 그가 철저한 헬라인이요, 동시에 철저한 기독교인이 되려고 노력한 사실에 있다. 그는 이러한 결합이 충분히 가능하다는 확신을 가졌고, 그것을 손수 보여주기 위해 거대한 작업을 했다. 그가 한 작업은 헬라 학문의 전체와 헬라의 지적 담론에서 유통되던 용어들을 사용하여 기독교 신앙을 설명하고 탐구한 것이다. 역으로 이것은 기독교의 진리를 당대의 지적 활동 영역 전체에 각인시켰으며, 또한 기독교에 지적 세계 형성의 **뼈대**를 놓는 가장 탁월한 시도가 되었다.

우리가 성경에서 만나는 예수님이 하나님의 로고스이며, 우주의 중심인 신적 이성이라는 해석은 헬라 세계의 지적 담론을 바꾸어 놓았다. 지성 세계와 과학 세계에서 토론되는 큰 주제들, 즉 시간, 공간, 진료, 영혼, 별, 동물의 세계, 역사 및 운명 등의 주제는 예수님이 로고스라는 확신에 비추어 조명되고 해석되었다. 오리겐은 로고스가 바로 예수님이라는 절대적 중요성에 비추어 당대의 철학, 윤리학, 물리학 및 언어학의 모든 주제에 대한 해석을 시도했다. 그는 헬라의 학문과 문학에도 정통했다. 그는 당대의 권위 있는 학자들을 거의 인용하지 않았고, 자신의 실력을 과시하지도 않았다. 그럼에도 불구하고 그는 셀수스(Celsus)와 같이 실질적으로 당시 헬라 전통을 대표했던 학자보다도 더 능숙하게 헬라 저술가들의 작품들을 다루고 있다.[2] 오리겐은 헬라의 전통적인 문학 및 학문 세계에 기독교인들의 저술들, 선지서 및 사도들의 저작들과 같은 새로운 문학 자료들을 소개했으며 결국 그 자료들이 헬라 지적 담론의 중심에 위치하게 했다.

선교사 및 회심자 세대를 넘어서

오리겐의 부모는 기독교인이었다. 그의 아버지 레오니데스(Leonides)는 오리겐에게 세속 교육과 함께 철저한 성경 교육을 시켰다. 이 부분을 잠시 짚고 넘어갈 필요가 있다. 헬라 세계에 기독교 복음을 처음으로 가지고 들어간 사람은 사도 바울이었다. 헬라인의 입장에서 볼 때 바울은 외국 선교사였다. 바울은 외국 선교사의 입장에서 사고했고 서신들을 썼다. 그가 비록 헬라 사고에 깊은 조예가 있었고 또한 헬라 문화에도 익숙했지만, 정서적으로는 여전히 유대인이었다. 반면 초기 유대 기독교 지도자들이 볼 때 바울은 지나치게 헬라적이었다. 그들은 바울이 혼합주의에 좀더 완강한 태도를 보여 주기를 원했다. 또한 유대의 전통적인 방식에 좀더 강하게 동조해 주기를 원했다. 바울은 자신의 배경이 어디인지, 자신의 정체성이 무엇인지 잘 알고 있었다. 그는 자신이 태어난 지 8일 만에 할례를 받았으며, 베냐민 지파 출신이라는 것을 결코 잊지 않았다. 또한 자신의 조국 이스라엘을 상징하는 올리브 나무와 이방 기독교를 상징하는 접붙인 가지의 차이도 정확히 알고 있었다. 그는 이방 문화에 복음을 들고 갔으나 그것은 외국인, 즉 유대인 선교사로서 그리한 것이었다. 그는 자신의 고향 이스라엘을 떠나 예수님을 위한 모험을 한 것이다.

우리가 알고 있는 최초의 기독교 철학자들, 즉 순교자 저스틴, 아테나고라스, 알렉산드리아의 클레멘트는 모두 회심자들이었다. 기독교인이 되면서 그들은 자신들이 영적인 이스라엘에 속함을 알았다(저스틴은 유대인 트라이포와 성경의 소유권에 대해 논쟁을 했다). 그러나 그들은 이스라엘 사람이 아니라는 사실을 알았다. 그들은 이스라엘에 접목된 존재였다. 그들의 일생의 숙제요, 선교의 중심 과제는 예수님과 헬라의 과거 역사를 어떻게 연결하는가 하는 것이었다. 하나님이 예수님의 오심을 위해 이스라엘을 준비시키신 동안 헬라 세계에서는 무엇을 하고 계셨는가? 이것은 바울의 질문이 아니었다. 유대인 선교사였던 바울에게 있어 놀라운 계시는 이방인도 하나님의 구원의 경륜에 중요한 자리를 차지한다는 사실이었다. 바울의 관심은 과거보다는 현재와 미래에 있었다. 그러나 저스틴 및 그와 동시대 기독교인들은 과거를 설명해야 했다. 헬라의 세계관과 그 안에서 발전된 지적, 학문적 전통은 그냥 무시해 버리기에는 너무 방대했다. 헬라의 지적 유산과 학문 세계 전체가 기독교로 개종되어야 했다.

주후 2세기에 개종한 변증가들은 이러한 헬라의 지적 유산을 비판하는 기준과 원리를 제시했다. 저스틴은 오늘날의 학위 가운이라 할 수 있는 철학자들의 짧은 의복을 여전히 입고 살면서도, 성경 특히 선지서를 헬라 지성계에 소개했다. 그는 성경이 헬라의 문학적 전승에 맞먹을 정도로, 혹은 그보다 더 고전적인 자료임을 부각시켰다. 그는 항상 개종자의 질문을 놓고 씨름했다. "어떻게 하면 기존의 전통적인 사고와 삶의 방식을 예수님께 돌려놓을 수 있을까?", "전통적인 유산을 비판하는 기준은 무엇인가?", "전통 문화 안에서 무엇을 인정하고, 무엇을 부정하고 분별해야 하는가?" 헬라 교육과 기독교 교육을 모두 받고 자란 오리겐은 그러한 질문을 한 단계 더 진전시켰다. 전통적 유산을 비판하는 단계에서 그것을 다시 정의하고 재형성하는 작업을 한 것이다. 오리겐이 살았던 시대에 기독교는 소수자의 종교였다. 성장은 하고 있었지만 공공기관이나 일반 대중들이 가지는 반감은 여전히 있었다. 하지만 기독교는 외국 종교나 이방 종교는 아니었다.

오리겐은 기독교적 요소와 헬라적 요소를 의식적으로 구분하도록 교육받지 않았다. 그는 태어나면서부터 기독교 문화와 헬라 문화를 자연스럽게 받아들였다. 사려 깊은 기독교인이자 기독교 신앙을 위해 목숨을 바칠 준비가 되어 있었던 그의 아버지는 자녀들에게 헬라식 교육을 받게 했다. 그는 아이들이 읽는 글들이 기독교 신앙에 적합한 것인지 혹은 호머의 신화는 멀리해야 하는지 등의 염려를 하지 않았다. 개종자였던 저스틴은 항상 귀신을 두려워했고, 헬라 세계에 귀신이 들어와 살고 있다는 의식에서 자유롭지 못했다. 그러나 기독교인으로 양육된 오리겐은 귀신의 존재에 그다지 두려움을 느끼지 않았다. 그의 의식 속에는 예수님이 귀신 문제를 처리하셨다는 확신이 있었기 때문이다.

오리겐이 17세가 되었을 때, 그의 아버지는 알렉산드리아에서 일어난 반기독교 폭동으로 인해 투옥되었다가 결국 처형되었다. 오리겐 역시 아버지와 같이 죽음으로 예수님을 증거하려고 했으나, 그의 어머니가 옷을 모두 감추는 바람에 그렇게 하지 못했다. 그 사건은 오리겐에게 기독교 신앙을 가지고 사는 것이 무엇을 의미하는지 각인시켜주었다. 기독교 신앙으로 인해 위험이나 고난에 처할 수 있다는 것이었다. 그가 일평생 신학 작업을 했던 환경은 학문적으로 평온하고 방해가 없는 그런 환경이 아니었다. 오히려 기독교인으로 살아가는 것이 항상 불안하고 가끔 물리적인 위험에도 처하는 그런 환경이었다. 그의 가르침은 성도들로 하여금 언제 있을지 모르는 순교에 대비하라는 것이었고, 순교하는 자리에 이르렀을 때 그것이 무슨 의미를 가지는지 깨우쳐 주는 것이었다. 오리겐의 삶은 그 자체가 실현된 삶, 다시 말해 현실로 체험하는 종말론적 삶이었다. 오리겐과 그의 제자들은 언제나 죽을 준비가 되어 있었다.

오리겐은 일곱 자녀 가운데 장남이었다. 그의 아버지가 투옥되면서 가족의 전 재산마저 몰수당하자 오리겐은 어머니와 함께 가족을 부양해야 했다. 당시 헬라 교육 과정에 따라 교수할 수 있는 자격을 가지고 있었던 그는 교사로 나섰는데, 그의 교사 생활은 예기치 않은 방향으로 전개되었다. 아버지의 죽음을 불러왔던 반기독교 폭동의 여파로, 기독교에 관심을 가진 사람들과 만나는 일, 기독교인이 되려고 결심한 사람들을 교육하는 일, 또한 그들을 세례받도록 준비시키는 일에 큰 차질이 생긴 것이다. 결국 이런 사역의 책임을 맡고 있던 탁월한 신학자 클레멘트가 알렉산드리아를 떠나게 되고, 오리겐이 그를 대신해 교리 학교를 담당하게 되었다. 그리고 오리겐은 지속적인 사역의 필요성으로 인해 클레멘트의 사역을 대신하는 주교로서 임명을 받게 되었다.

기독교 교육자로서의 오리겐

알렉산드리아의 교리 학교는 교회 회원이 되길 원하는 사람들이 일정 기간 기독교 교육의 절차를 밟는 곳이 아니었다. 물론 로마 교회와 같이 초대교회에 그러한 차원의 교리 교육이 시행되기도 했다. 기간도 무려 3년씩이나 말이다. 하지만 알렉산드리아의 교리 학교는 알렉산드리아의 삶의 방식에 맞추어 운영되었다. 알렉산드리아는 당대 지성의 중심 도시였다. 그곳에는 학문의 전당이 있었다. 여러 강의실과 산책로가 있었고(당시에 사람들은 철학은 걸으면서 하는 것으로 생각했다), 매우 큰 식당이 있었고(지적인 대화는 음식을 먹으면서 하는 것으로 생각했다), 전쟁으로 무너졌으나 클로디우스 황제가 다시 세운 거대한 도서관이 있었고, 또한 철학, 문법 및 문학 비평 분야의 전문가들이 즐비했다. 그들은 모두 황제의 지원을 받으며 살았다. 또한 대규모 유대인 공동체도 있었는데, 그들은 독자적인 학문의 전통을 형성했으며, 헬라 전통과 유대 전통을 융합시켰다. 알렉산드리아에서 가장 유명했던 학자는 오리겐의 학문에 영감과 영향을 주었던 필로(Philo)였다. 알렉산드리아의 기독교인들은 당대의 지적 전통에 직간접으로 영향을 받는 한편, 필로와 같은 유대 학자들의 영향을 받은 사람들과 교류했다.

기독교에 호의적이든 아니든 기독교에 관심을 가졌던 사람들은 이러한 학문적 담론에서 제기되는 질문을 했고, 그것은 그들이 이해할 수 있는 언어로 답변해야 했다. 그들의 문제는 단순히 기독교인이 될 것이냐 아니면 전통 종교에 그대로 머물러 있을 것이냐의 선택이 아니었다.

당시 기독교는 선택이 가능한 여러 종교 가운데 하나였다. 기독교에 관심을 가진 사람이 다른 종교에도 동일한 관심을 가질 수 있었다. 또한 그들이 기독교에 관심이 있다 해도 교회에 출석할 것이라는 보장도 없었다. 당시 기독교는 다른 종교들에 비해 요구하는 것이 많고, 덜 포용적이라는 이유로 여러 종교의 그늘에 가려 있었다. 하지만 기독교를 완전히 알렉산드리아에 뿌리 내리게 하기 위해서는 기독교가 타 종교들과 차별된다는 사실을 사람들에게 각인시킬 수 있어야 했다.

기독교 교육자로서의 오리겐의 경력과 연구는 이러한 배경에서 시작되었다. 그는 암모니우스사카스의 강의에도 참석했는데, 그때는 오리겐이 이미 교리 학교의 교장이었을 때다. 그는 헬라어를 할 수 있는 유대인 학자들과 대화하며 히브리어를 배웠다. 이미 언급했듯이 알렉산드리아에서는 종종 반기독교 폭동이 일어나곤 했는데, 오리겐의 제자들도 가끔 순교를 당했다. 오리겐은 그러한 제자들과 함께하면서 그들을 격려하며 지원했다. 물론 오리겐 자신도 죽음의 위험에 놓인 적이 여러 번 있었다.

그는 종종 사변적 신학자로 인식된다. 그러나 그의 지적 활동은 실천적 영역과 밀접히 연결되어 있었고, 제자들에게도 신학적 주제를 정확히 이해하고 있는 여부를 반드시 실천적 차원에서 확인하였다. 이러한 사실은 오리겐이 기독교적 사고를 헬라의 지적 토양에 뿌리 내리도록 만들었던 과정이 어떤 것이었는지 알려준다. 이상적으로 말하면, 철학은 학문적 훈련이기보다는 삶의 방식이다. 플라톤은 철학의 목적이 신을 보는 것이라고 말했다. 철학적 삶으로 들어가는 것은 일종의 회심이다. 즉 대부분 사람이 살고 있는 방식대로 살지 않겠다는 의식적인 결단이다. 철학적 삶은 정신적 훈련이 요구되었고, 그것을 위해 마음을 훈련시키는 문법, 물리학 그리고 수학을 공부했다. 철학적 삶은 또한 도덕적 훈련, 덕의 함양 및 악의 제거를 요구했다. 기독교 시대 초기에 이러한 철학적 삶에 대한 고전적 이상은 거의 사라지고 말았다. 철학은 세속화, 전문화, 개인화되었다. 그것은 전문 직업이 되었고, 경력이 되었다.

2세기 기독교 변증가 저스틴은 플라톤이 말했던 삶의 변화를 이상으로 삼는 그런 철학자들 틈에서 산 적이 있었다. 그런데 그는 그 철학자들을 무가치한 안내자들로 생각하며 수업을 거부했다. 어느 철학자는 지나치게 초보적인 주제들을 공부하라고 했고, 어떤 철학자는 수업료를 미리 내라고 했다(수업료를 미리 받는 것은 그가 참된 철학자가 아님을 반증하는 것으로 여겨졌다). 젊은 탐구자 저스틴의 반응을 보면, 당시의 현실이 엉망이었더라도, 철학적 삶의 이상을 좇는 사람들이 2세기에도 여전히 존재했음을 알 수 있다. 그들은 철학적 삶을 통해 신을 보고, 회심에 이르고, 또한 새로운 삶의 방식을 따라 살기 원하는 사람들이었다.

오리겐이 한 작업은 저스틴이 기독교로 개종하고 나서 한참 후에 했던 것과 같은 작업이었다. 오리겐에게 있어 기독교는 참된 철학이었고, 플라톤적인 신에 대한 비전이 아니라, 그보다 훨씬 더 풍성한 세계로 인도해주는 가르침이었다. 기독교는 말씀을 통해 신의 속성에 직접 참여하는 자가 되도록 가르쳤다. 그 가르침은 총체적인 지식을 담고 있다. 예수님은 로고스요, 모든 피조물을 창조하신 신적 이성이기 때문이다. 이성에 부합하는 모든 것은 예수님의 창조물이요, 지식의 모든 근원은 예수님의 빛에 비추어질 때 확실하게 밝혀질 수 있다.

오리겐이 기독교인으로서 가졌던 자신감은 매우 인상적이다. 저스틴의 경우처럼, 개종한 사람들에게서 보이는 귀신에 대한 두려움 같은 것도 전혀 없다. 오리겐에게는 말씀이신 예수님의 능력이 현실 속에 임재한다는 확신이 있었다. 오리겐의 제자였던 그레고리는 교리 학교 교과과정에 에피큐리아 철학자들을 제외한 다른 철학자들이 포함되었다고 전하고 있다. 에피큐리아 철학의 실제적 무신론 및 쾌락주의는 진리 탐구에 전혀 쓸모없는 것으로 여겨졌기 때문이다. 그러나 다른 철학 학파들과 학문적 업적은 기독교의 진리를 규명하는 데 적극적으로 사용되었다. 문법과 수학 같은 기초적인 과목들은 정신 훈련을 위해서, 그리고 참된 철학의 원전인 성경 연구를 위해서 활용되었다.

그레고리에게 보낸 편지에서 오리겐은 다음과 같이 적고 있다. "기독교를 연구하고 가르치는 데 유용한 내용을 헬라 철학자들에게서 가져오는 데 주저하지 말기를 바란다. 기하학이나 천문학과 같은 과목들은 성경을 해석하는 데 많은 도움을 줄 수 있다. 철학자들은 기하학, 음악, 문법, 수사학 및 천문학 등이 철학의 시녀라고 말한다. 그러나 우리는 철학 자체가 신학의 시녀라고 말해야 한다."[3]

저스틴은 성경을 기준으로 헬라의 유산을 비판하면서 일부는 인정하고, 일부는 버리고 또 일부는 수정했다. 반면 오리겐은 저스틴보다 한 단계 더 나아갔다. 그에게 헬라의 지적 유산은 예수님 안에 있는 성도들의 삶을 이해하고 해석하기 위한 입문으로 활용되었다. 그에게는 이 모든 것들이 기독교의 가르침을 이해하는 수단이었다.

헬라의 지적 전통은 기독교의 각주다

그레고리는 오리겐이 제자들에게 학문적 천박함과 자기 기만을 피하고 분별력을 기르기 위해 변증법을 가르쳤다고 전한다. 그는 오리겐이 수사학을 별로 중요시하지 않았는데, 그 이유는 수사학이 내용보다는 기교를 중시하기 때문이라고 적고 있다. 하지만 과학은 중시해서 그의 제자들이 우주에 펼쳐진 세밀한 손길에 감탄하게 될 때까지 자세히 연구하도록 했다. 그러한 기초를 쌓은 다음에는 철학으로 들어갔다. 그는 언어뿐만 아니라 삶으로 철학을 해야 한다고 가르친 유일한 사람이었다고 한다.

그레고리는 스승을 추억하며 이렇게 말한다. "우리는 우리의 능력을 다해 철학자든 시인이든 고대의 모든 저술을 활용하도록 배웠다." 기독교 신학의 각주는 헬라 철학이었다. 그들은 어떤 철학 학파나 학문 영역도, 헬라인의 것이나 야만인의 것이나 버리지 않고 오히려 비판적 반성을 거쳐 기독교 신학에 활용하였다. 그 모든 자료가 기독교 신학을 보충 설명해주는 역할을 했으며, 기독교 신학이 헬라 철학과 학문을 대체하지 않았다. 헬라 전통에서와 마찬가지로, 기독교 신학에서도 도덕적 훈련은 여전히 중요했다. 그것은 거룩한 삶을 위한 훈련 및 기도의 훈련이었다.

기독교 신학의 핵심이며 기독교 학문의 광대한 영역을 푸는 열쇠는 구약 및 신약성경이다. 헬라 기독교인들 가운데는 구약과 신약을 구분하여 기독교의 유대적 뿌리를 잘라내고 더 헬라식 기독교로 만들려는 사람이 있었다. 하지만 오리겐은 이러한 흐름에 반대했다. 그는 두 성경이 하나로 연결되어 있으며 예수님 안에서 통일성을 가진다고 주장했다. 오리겐이 지대한 공헌을 한 풍유적 성경 주석 방법은 당시 헬라 문학 비평 방법을 빌려온 것이다. 오리겐의 성경 해석 방법에 들어 있는 기본적인 확신은 기독교 철학은 구약을 무시해서는 안 되며 또한 복음서는 이스라엘 역사에 뿌리가 닿아 있다는 것이었다.

결국 오리겐은 기독교 신학의 목적, 신학 작업의 내용 및 방법론에 있어 헬라의 지적 전통을 기독교화했다. 사실 이러한 신학 작업이 결국 헬라 전통을 살려내는 역할을 했다. 진부하고 건조하고 전문화되었던 헬라의 지적 전통에 신학이 새로운 의미와 깊이와 활력을 불어넣은 것이다. 당시 플로티누스나 포르피리로 대표되는 신플라톤 학파의 등장으로 헬라 지적 세계에 부흥이 일기도 했다. 그들은 기독교를 '야만인들의 무모함'이라 평가하며 경시했다. 그러나 결국 헬라 지적 전통에 활기와 의미를 되살려놓은 것은 헬라의 유산을 활용하여 기독교의 주제들을 해석한 기독교 신학의 발전이었다. 기독교 신학의 발전과 더불어 철학도 거대한 담론의 주제들을 재발견했고 다시 한번 진리를 탐구하는 학문으로서의 활력을 되찾았다.

기독교는 새로운 원전과 새로운 주제들과 새로운 동력을 제공했다. 어떤 측면에서는 기독교 신학이 헬라의 지적 유산을 활용한 것은 매우 전통적이었다. 기독교 신학은 전통적 방법론을 사용했고, 고전을 활용했으며, 거기에 새로운 역할을 부여했다. 이를 통해 철학의 고전적 이상과 목적을 회복시켜 준 것이다. 플라톤에게 있어 철학의 목적은 신을 보는 것이었지만, 오리겐에게 있어 철학 탐구의 목적은 사람들로 하여금 기독교적 삶을 살도록 준비시키는 것이었다. 이런 차원에서 오리겐은 가장 기독교적이면서 동시에 가장 헬라적인 사람이었다. 기독교가 처음에 헬라 세계에 들어왔을 때 사람들은 기독교와 헬라 문화를 양립 불가능한 것으로 여겼다. 하지만 결국은 기독교가 헬라 문화를 보전하고 갱신하는 주체적인 역할을 한 것이다.

기독교 역사상 이러한 역설적인 현상은 자주 일어났다. 오리겐의 교리 학교는 갈수록 발전했다. 그는 학교를 둘로 나누어 초급반은 헤라클라스에게 맡기고 자신은 고급반을 맡아 가르쳤다. 그의 삶은 매우 검소했다. 포도주를 마시지 않았고, 최소한의 음식과 최소한의 수면으로 살았다. 그는 강의실 바닥에서 잤다. 그것은 철학적 이상을 추구하는 사람들의 생활 방식이기도 했다. 오리겐은 평신도로 알렉산드리아의 사역을 감당했다. 교사로서의 명성에도 불구하고, 그는 설교 초청을 받지 못했다. 그가 설교에 초청받았던 것은 외국을 여행할 때 뿐이었다. 주교가 그것을 좋아하지 않았기 때문이다. 주교는 가이사랴 교회가 오리겐에게 안수한 것도 탐탁지 않아 했다.

주교는 결국 오리겐이 혼신을 다해 사역했던 알렉산드리아 교리 학교 교장직에서 그를 해고했다. 이후 오리겐은 알렉산드리아를 떠나 자신을 기꺼이 영접하는 가이사랴에서 후진을 양성했다. 그곳에서는 설교를 자주 했다. 60세쯤 되었을 때는 자기 설교를 속기로 받아 적을 수 있게도 했는데, 그 기록의 일부가 지금도 남아 있다. 그는 251년 데시우스 황제 박해 때 심한 고문을 당해 그 후유증으로 얼마 가지 않아 사망했다.

애굽의 금으로 여호와의 성막을 짓는다

오리겐의 신학 작업에서 가장 두드러진 특징은 당시 문화와 비판적 교섭을 했다는 것이다. 우리는 이 분야와 관련한 그의 탁월한 통찰들을 그의 주석서에서 발견할 수 있다. 문에, 역사적 방법에 기초한 오늘날 성경 해석에서는 매우 생소한 그의 본문 주석 방법에서도 이런 사실이 발견된다. 예를 들면, 이스라엘 사람들에 의해 무너진 가나안 도시 헤스본을 그는 '제사장의 도시'라고 해석했다. 그는 이스라엘 사람들이 그 도시를 파괴한 다음 폐허 상태로 내버려두지 않고 다시 다른 도시를 건설했음을 지적한다. 이것은 복음과 문화의 관계에 대한 매우 중요한 언급인데, 오리겐의 저술들에는 이러한 생각들이 그대로 반영되어 있다.

> 헤스본은 그 상태로 남아 있어서는 절대 안 되지만 동시에 폐허로 내버려두어서도 안 된다. 그것은 재건되어야 한다. 그리고 같은 재료를 사용해야 한다. 헬라 사상을 건축했던 재료에 잘못이 없으며 또한 두려워할 것도 없다. 그 재료들은 기독교 신학과 기독교의 지적 건설에 재활용될 수 있다.

이것이 오리겐의 생각이었다. 오리겐이 그레고리에게 보낸 편지에서 했던 말에도 깊은 통찰이 담겨 있다. 그는 이스라엘 민족이 광야에서 성막을 세웠을 때 애굽에서 가져온 물건들을 사용했던 사실을 언급한다. 여호와의 임재를 상징하는 그룹들은 애굽에서 가져온 금으로 만들었고, 또한 만나를 담을 용기와 제사에 쓸 다른 그릇들도 모두 애굽의 금으로 만들었다. 성막의 모든 앙장도 애굽에서 가져온 천으로 만들었다. 이방 세계에서 잘못 사용되던 재료들이 하나님을 예배하고 하나님께 영광을 돌리는 일에 사용된 것이다. 오리겐이 그레고리에게 부탁한 것은 헬라의 학문을 그와같이 거룩한 목적을 위해 사용하라는 것이었다.

오리겐은 이것이 쉬운 작업이라고 생각하지 않았다. 이러한 작업에 위험이 따른다는 사실도 잘 알고 있었다. 그는 이것을 구약의 다른 본문을 통해 설명하고 있다. 에돔 사람 하닷은 애굽에 가기 전까지 우상이 뭔지 몰랐다. 하지만 그가 애굽에 가서 그곳 귀족의 딸과 결혼한 다음 다시 돌아왔을 때, 그는 벧엘과 단에 금송아지를 세웠다. 오리겐은 그레고리에게 다음과 같이 말한다. "애굽에서 유용한 재료들을 가지고 와서 그것을 하나님의 영광을 위해 활용한 사람이 매우 드물었다는 사실을 기억해야 한다. 많은 사람이 에돔 사람 하닷의 뒤를 따랐다."

애굽의 재료와 헬라의 학문은 하나님의 영광을 위해 활용될 수 있다. 그러나 그 과정에서 우상이 만들어지지 않도록 조심해야 한다. 이러한 이유로 오리겐은 학식이 있는 성도나 그렇지 못한 성도들에게 분별력을 발휘해야 할 의무가 있음을 주지시켰고 또한 그렇게 할 수 있는 도구를 제공해주었다. 기독교를 전파하는 과정에서 오리겐은 새로운 학문 영역을 개척했고, 새로운 연구 방식을 도입했으며 또한 새로운 자료들을 찾아내었다. 오리겐이 이룩한 놀랄 만한 업적은 일일이 다 검토할 수 없을 정도다.

오리겐의 작업 가운데는 헥사플라(Hexapla, 구약 여섯 개 번역을 대조해놓은 것_옮긴이)가 있는데, 아마 오리겐이 다른 일을 전혀 하지 않고 이 저술만 썼더라도 초기 기독교 역사의 대표적 학자로 칭송을 받았을 것이다. 그는 성경 주석의 시조로, 영지주의자들이 사용했던 풍유적 경전 주석 방식을 빌려 성경을 묵상하는 도구로 활용했다. 또한 최초의 조직 신학 저술로 인정되는 「제1원리들에 관하여」라는 저서도 썼다. 오리겐은 변증이나 변론을 위해서가 아니라 기독교의 원리 자체를 설명하기 위한 목적으로 이 글을 썼다. 오리겐의 신학은 학구적이었으나 열려 있었고, 하나님을 경외하지만 이방 자료를 두려워하지 않았다. 그는 사람의 의견을 무비판적으로 추종하는 것이 옳지 않음을 알고 오직 로고스 말씀 이외에는 아무것도 무조건적으로 받아들이지 않았다. 기독교라는 성막을 장식하기 위해 오리겐이 활용했던 헬라의 지적 유산은 그 이후 서방 교회 및 동방 교회의 신학적 전통을 형성하는 데 결정적인 영향을 미쳤다.

이제 우리가 제기했던 처음 질문으로 되돌아가 보자. 오리겐이 일생 진력했던 작업은 바로 오늘날 기독교 신앙을 아프리카, 아시아 및 태평양 연안 지역의 정신세계 안으로 가지고 들어오려는 신학자들의 작업과 동일하다. 이 지역들은 헬라 세계와 같이 다원적인 사회이며, 헬라 문명이 그랬던 것처럼 문학적 유산, 지혜, 기록된 전통 및 구전 등이 잘 발달된 사회다. 헬라 세계가 셀수스와 같은 사람들의 기반이었던 것처럼, 이 모든 전통과 지적 유산은 아프리카, 아시아 및 태평양 연안 지역에 살고 있는 사람들의 사고의 틀과 심성을 형성해왔다.

이제 이들 지역에서의 신학적 작업은 선교사들이 기여할 수 있는 수준을 이미 넘어섰다. 선교사들의 역할은 과거에 기여한 것으로 족한 시대가 되었다. 바울 사도가 유대인이면서 이방 선교사로서 자기의 임무를 완성했듯이 말이다.

이들 비서구 세계의 신학 작업은 회심한 세대의 몫이 아닐 수도 있다. 회심 세대는 자신들이 물려받은 정신세계를 어떻게 하면 예수님께로 방향 전환을 시킬 수 있을까 고민했던 세대다. 그들도 중요한 역할을 감당했다. 저스틴이 그랬던 것처럼, 그들이 기독교에 남긴 공헌은 대단히 중요하다.

그러나 이제 이들 지역의 신학은 새로운 세대의 어깨에 달려 있다. 오리겐처럼 기독교 신앙 안에서 자라고, 성경에 정통하며, 동시에 전통문화에도 익숙한 세대, 즉 기독교 신앙과 전통문화 모두 익숙한 세대가 이제 신학 작업의 사명을 감당해야 할 시대가 온 것이다. 그들에게 아시아, 아프리카 및 태평양 지역 신학의 미래가 달려 있다. 뿐만 아니라 전 세계의 기독교 신학과 신학적 탐구의 미래가 달려 있다.

이러한 역사적인 과정에 상대적으로 기여할 것이 적은 서구 신학자들이 해야 할 다른 일이 있다. 그것은 이러한 신학적 흐름을 이해하고 해석하는 것이다. 이러한 작업 역시 전체 기독교 신학의 건설에 매우 중요하다. 우리 모두에게 오리겐은 기독교 학자요, 새로운 신학 작업의 개척자요, 모범이다. 오리겐은 우리에게 신학자로서의 소명이 편안한 삶이 아님을 보여준다.

그는 매우 검소하게 살았고 상대적으로 빈곤했으며, 끊임없이 수고하는 삶을 살았다. 그의 어린 시절은 위험이 가득했고, 죽을 뻔했던 적도 여러 번 있었다. 60대에는 감옥에 갇히고 고문을 당하기도 했다. 그가 속했던 교회는 그의 활동을 제한했으며, 그를 교리 학교장에서 해고까지 했다. 죽은 후에는 그를 이해하지 못했던 사람들에 의해 비난을 받았고, 교권을 잡은 자들에게 잘 보이려고 했던 사람들에 의해 어이없게 이단으로 몰리기까지 했다. 그는 성자의 반열에 끼지도 못했다.

그가 이 땅에서 받은 유일한 보상은 제자들의 사랑과 추종, 또한 자기가 속했던 교회가 아닌 다른 교회들이 보여준 환대와 인정, 그리고 그의 글을 출판했던 사람들의 변함없는 확신과 격려 정도였을 것이다. 그러나 그는 애굽의 금과 애굽의 천들을 사용해 성막을 지었던 역사적 사실의 의미를 꿰뚫어 보았고, 하나님의 영광을 위하여 그리고 하나님을 예배하기 위하여 헬라 세계의 학문과 지적 유산을 활용했다. 기독교 학문의 아버지, 알렉산드리아의 오리겐에게 경의를 표한다.

3부

21세기 기독교 신학의 패러다임 변화

6장

서구 신학의 한계와
아시아 신학의 필요성

화 융(Hwa Yung)

아시아에 복음이 처음 전해진 시기는 일부 지역을 제외하면 모두 주후 1세기 무렵이었다. 그러나 아시아 교회가 본격적으로 성장하기 시작한 것은 약 2백여 년 전 근대 선교의 여명기 이후다. 기독교 역사가 2백 년 이상 지났기 때문에 우리는 아시아 교회가 분명한 자기 정체성을 확립했을 거라고 기대한다. 그러나 아시아 교회의 정체성은 여전히 서구 기독교의 틀 안에서 정의되고 있다. 교회 건축 양식, 성직자의 예복, 설교 예화, 예배 형식과 찬양은 물론 신학까지도 서구적 영향을 벗어나지 못하고 있다. 의식적으로나 무의식적으로 우리는 여전히 서구 교회를 모범으로 삼고, 그곳에서 영웅들을 찾으며, 우리가 행하는 모든 것에 대해 맏형 혹은 후견인 역할을 하는 서구 교회의 승인을 기다리는 형국이다.

그런데 그 서구 교회가 쇠퇴일로에 있다. 양적인 측면만 아니라 영적인 측면에서도 쇠퇴하고 있다. 반면에 비서구 세계 전역에 걸쳐 지난 백여 년 동안 교회는 빠른 성장을 보여왔다. 전세계 기독교의 흐름을 주목하는 이들은 기독교의 중심이 서구에서 비서구 세계로 이동하고 있음을 지적한다. 실제로 1980년대 중반을 기점으로 아프리카, 아시아 및 남미의 기독교인 수가 유럽과 북미의 기독교인을 넘어섰다. 이러한 중심 이동은 비서구 세계의 기독교인들로 하여금 서구 교회가 정의한 정체성을 답습하는 대신 자신들의 문화와 역사를 배경으로 하는 독자적인 정체성을 모색하도록 만들고 있다. 이와 더불어 비서구 세계의 교회들은 다양한 각도에서 서구 신학이 반드시 자신들에게 적합한 것은 아니라는 사실을 깨닫게 되었다. 이제 그 이유들을 자세히 살펴보도록 하자.

서구 신학의 한계

아시아 교회의 관점에서 서구 신학이 적절하지 않은 이유는 무엇일까? 그 핵심적인 이유는 무엇보다도 서구 신학이 서양의 역사, 문화, 현실의 산물이기 때문이다. 그러므로 서구 신학은 비서구 세계의 생생한 현실을 적절히 반영하지 못하며, 그 간극은 너무도 크다. 비서구 세계 교회의 관심사를 담지하려고 애쓰는 신학자 가운데 한 사람으로 알려진 독일의 신학자 위르겐 몰트만(Jurgen Moltmann)은 자신의 저서 「십자가에 달리신 하나님」 *Crucified God* (1974)에서 예수님이 신성 모독자이자 정치적 반역자로 몰려 마치 하나님께 버림받은 자처럼 죽었다고 설득력 있게 설명한다. 그리고 예수님의 그러한 죽음이 편재한 가난과 극심한 불평등 및 사회 정치적 억압 속에서 압제당하고 소외된 자들과 자신을 동일시한 것임을 강조한다. 몰트만은 예수님 사역의 의미를 히틀러 정권이 자행한 유대인 대학살의 이미지와 연결지어 설명하며, 악과 고통의 문제를 적절히 다루고 또한 하나님 안에서 소망을 발견하기 위해서는 '아우슈비츠 이후의 신학'이 요구된다고 주장했다.

몰트만을 읽는 아시아 기독교인들은 그가 열정을 갖고 '아우슈비츠 이후의 신학'을 제창하는 것에 강한 인상을 받지 않을 수 없다. 그러나 그가 사용한 이미지와 역사적 체험은, 비록 서구 역사에서는 엄청나게 중요한 의미를 지니더라도, 아시아 백성들의 역사적 체험과는 다소 낯설고 거리감이 있다. 오히려 아시아 기독교인들의 정서에 깊이 와닿는 것은 아우슈비츠와 거의 같은 시기에 일어났던 '난징 대학살 이후의 신학', '한국의 일제 식민 통치 이후의 신학', '히로시마와 나가사키 이후의 신학'과 같은 맥락의 신학적 성찰일 것이다. 서구 신학의 담론이 아무리 유용하고 도움이 될지라도, 그것이 아시아 기독교인들의 역사적 체험과 정서에 완벽하게 부합하지 않는다는 점은 부인할 수 없다.

서구 신학이 아시아 교회에 적절하지 않은 두 번째 요인은 그것이 계몽주의의 깊은 영향을 받은 세계관을 전제로 하고 있기 때문이다. 인류학자 찰스 크래프트(Charles H. Kraft)는 서구 세계관의 특징이 대부분 초자연적인 요소를 배제하는 자연주의적 경향을 지니며, 유물론적이고 인본주의적 가치를 우선시하며, 신을 현실적 존재로 보지 않으며, 엄정한 이성적 분석에서 벗어난 것은 어떤 것도 거부하며, 개인주의와 독립성을 공동체보다 더 중요하게 여긴다고 설명한다. 이러한 특징들은 불가피하게 서구 신학의 과정에서 강력한 영향을 미쳤다. 만일 그렇다고 한다면, 서구 문화와 판이하게 다른 아시아 혹은 비서구 문화권에서 제기되는 다양한 신학적 관심사들에 대해 서구 신학이 적절한 답을 제공하지 못하는 것은 당연한 일이다.

예를 들어, 폴 히버트(Paul Hiebert)와 같은 선교 인류학자는 서구 세계관이 두 층으로 이루어져 있는데 이 두 부분이 분리되어 있다고 지적한다. 상층부는 고등종교가 자리하는 곳으로, 하나님에 대한 믿음과 교리적인 확신이 여기에 속한다. 하층부는 과학적 법칙이 적용되는 물리적인 현실 세계이다. 그러나 점성술, 마술, 영혼과 귀신, 기적과 같은 요소들이 개입할 여지는 존재하지 않는다. 서구 신학은 이러한 영역을 전반적으로 포괄하지 못하며, 따라서 아시아 문화에서 여전히 강력한 영향력을 지닌 '소외된 중간 영역' 문화에서 여전히 강력한 영향력을 지닌 이러한 단절은 기독교가 아시아의 문화적 토양에 깊이 뿌리내리는 데 어려움을 초래했다. 더 나아가 계몽주의적인 사고방식은 성경적 신앙을 구현하는 데 걸림돌이 되는 회의주의적 풍조를 낳았다. 데카르트(1596-1650)가 제창한 "나는 생각한다. 그러므로 나는 존재한다"라는 명제는 서구 지성사에서 개인의 자아의식이 진리의 최종 척도가 되는 길을 닦았다. 이로 인해 인간의 이성이 하나님의 계시보다 우위를 점하게 되었고, 성경에 기록된 하나님의 말씀의 진위를 판단하는 재판관이 된 것이다. 따라서 우주의 기본적인 합리성과 그것을 파악하는 이성의 능력을 강조하는 운동으로 시작되었던 합리주의 혹은 이성주의는 자율적인 인간 이성이 모든 진리의 최종 척도라고 생각하도록 만들어버렸다.

이와 유사한 현상이 경험주의적 전통에도 있다. 경험주의에 따르면 논리와 수학을 제외한 모든 진리 주장이나 사실 주장은 과학적 검증을 거쳐야만 의미를 인정받을 수 있다. 이는 데이빗 흄(1711-1776)이 스스로 칭한 '온건한 회의주의'(mitigated skepticism)를 낳았다. 모든 신학적이고 윤리적인 명제들은 의미 있는 토론이나 검증 과정을 거치게 되는 공적 진리의 영역에서 배제되었으며, 단순히 사적인 의견 내지 신념으로 전락했다. 따라서 모든 종교적 신념은 사적이고 주관적인 영역으로 내몰리게 되었다.

자율적 이성주의와 왜소한 경험주의가 결합되자 레슬리 뉴비긴이 말한 '개연성의 구조'(plausibility structure)가 탄생하게 되었다.

개연성의 구조에서는 믿음보다는 의심이, 신념보다는 회의가 더욱 존중받는 구조 속에서 종교적 혹은 윤리적 진리를 선언하는 것이 점점 어려워졌다. 이런 분위기에서는 신학적 자유주의가 판을 칠 수밖에 없다. 어떤 신념이든 그것은 단지 사적인 것에 지나지 않으며, 따라서 실제로 무엇이 참인지 알 가능성이 없기 때문에 그 어떤 주장도 용납될 수 있어야 한다는 것이다. 이것이 계몽주의가 낳은 최종 산물로, 우리가 오늘날 이른바 '근대성'(modernity)이라 부르는 세계관이다. 그러나 점점 더 많은 사람이 지적하듯이, 이러한 세계관의 모든 기초가 이제는 무너지고 있다. 서구의 세계관 형성에 기초가 되어준 계몽주의 원리가 점차 그 결함을 드러내고 있기 때문이다. 서구 신학자들 스스로 자유주의 신학이 적실성이 없다는 것을 인식하는 마당에, 서구 세계 바깥에 살고 있는 우리가 서구 신학이 적절하지 않다고 인식하는 것은 지극히 당연하다.

셋째로 서구 신학은 종종 지나치게 관념적인 진리 위에 세워진 것으로 여겨진다. 따라서 실천적인 영역과는 괴리되어 있다는 비판을 받는다. 많은 신학 저술이 지적으로 정교하고 흥미를 자극하지만 그들 신학 서적은 일상의 삶 속에서 하루하루 고군분투하며 살아가는 평범한 사람들이 겪는 문제들과는 별 관련이 없는 경우가 많다. 이런 신학은 비참여적이라는 비판을 받으며, 인간과 사회를 변혁하는 데 있어서도 무력한 것으로 여겨진다. 결과적으로 그와 같은 신학은 내용이나 영향력에 있어서 목회적 혹은 선교적인 역할을 충분히 수행하지 못한다. 따라서 점차 이러한 진리 이해나 신학 방법론이 거부되고 있다. 아시아인의 사고 안에서는 진리와 실천이 분리되지 않는다. 예를 들어, 유교 전통에 있어서 학문의 목적은 단지 옛 고전을 습득하는 것이 아니라 궁극적으로 스스로 군자(君子)가 되는 것이다. 군자란 자신의 인격 안에 모든 진리와 덕목을 구현하고 실현한 이상적인 사람을 가리킨다. 이것은 성경적인 진리 개념과 상응한다. 요한이 말한 것처럼 우리는 기꺼이 순종하려고 하는 만큼 이해할 수 있다(요 8:43). 진리 개념에 행함이 포함된다는 것을 이해하지 못하면 신학은 결코 선교적 혹은 변혁적인 역할을 수행할 수 없다.

마지막으로 서구 교회 자체가 쇠퇴하고 있다는 점도 간과할 수 없다. 특히 계몽주의적 사고에 길들여진 자유주의 진영의 교회들이 쇠퇴하고 있다. 기독교 교리와 관련하여 말하자면, 많은 사람이 더 이상 전통적 신앙 고백에 의해 정의된 교회의 기본적인 신앙을 받아들이지 않는다. 성경의 권위, 동정녀 탄생, 그리스도의 신성, 기적을 일으키시는 성령님의 능력 및 기타 전통적 기독교의 핵심 내용들을 거부한다. 자유주의 신학을 추종하는 사람들은 점차 종교 다원주의로 무게 중심을 옮기고 있다. 그들은 모든 종교가 동일한 하나님 혹은 실재로 인도해주는 서로 다른 길에 지나지 않는다고 본다. 자유주의 신학은 상대적 윤리관을 지지하는데, 그것은 오늘날 서구 교회 안에서 성 윤리, 특히 동성애 문제에 대한 치열한 공방을 초래하였다.

서구 자유주의 신학은 비서구 기독교 세계에 여전히 영향을 미치고 있다. 왜냐하면 많은 신학생이 그러한 자유주의 신학을 가르치는 명성 있는 신학교에서 학위를 받으려고 하기 때문이다. 비서구 교회의 많은 신학생들이 서구 대학과 신학교에 떼 지어 몰려가고 결국 자유주의 신학의 영향을 받아 고국으로 돌아온다. 비록 보수주의 혹은 복음주의적 진영에서는 사정이 다소 다르겠지만, 그들 역시 점차 세속화되는 문화와 상대화되는 도덕성에 적응해야 하는 도전과 압력을 받으며 영적인 힘을 상실하고 있다. 예를 들어 젊은이들이 직면하고 있는 혼전 성교의 문제나 날로 확산되고 있는 이혼 및 재혼 문제에 교회의 영향력이 약화되는 것이다. 서구 교회 자체가 이러한 문제점을 안고 있다고 할 때, 아시아 교회가 직면한 문제에 대한 해답을 서구 신학에서 찾으려고 하는 것은 현명하지 못한 일이다.

비서구 세계의 관점에서 볼 때 이상과 같은 서구 신학의 문제는 「서울 선언: 제3세계의 복음주의 방향에 대해」 *The Seoul Declaration: Towards an Evangelical Theology from the Third World*—이는 1982년 서울에서 열린 아시아 신학 연합회, 아프리카와 마다가스카, 라틴 아메리카 신학 협회 모임에서 나온 것—에서 간결하게 요약하였다. 서구 신학은 일반적으로 합리주의적이며, 서양 철학에 의해 형성되었고 특히 신앙과 이성의 관계와 같은 지적인 관심에 치중했다. 그래서 통상 기독교 신앙을 추상적인 개념들로 축소시켜 버렸다. 그것은 과거의 문제에는 답을 줄 수 있었을지 몰라도 오늘날의 문제에는 해법을 제공하지 못한다. 서구 신학은 계몽주의와 연결된 세속적 세계관에 순응하고 있다. 때로는 식민주의나 착취와 억압을 정당화하기 위한 수단으로 이용되기도 했다. 이와 같은 상황을 변화시키는 노력은 거의 혹은 전혀 없었다. 더 나아가 기독교 왕국 내부에서 이루어진 신학인지라 종교 다원주의, 세속주의, 다시 발흥하는 이슬람 혹은 전체주의 등의 환경에서 살아야 하는 사람들의 문제에 대해서는 거의 침묵하고 있다는 한계가 있다.

아시아 현지 신학의 필요성

앞서 논의한 서구 신학의 문제점을 고려할 때, 진정한 아시아 신학이 절실히 필요하다. 단순히 서구 신학의 한계를 극복하기 위해서가 아니라, 보다 적극적인 이유에서 아시아 현지 신학의 필요성이 제기된다. 첫째, 19세기에 '교회선교회'(Church Missionary Society) 소속의 헨리 벤(Henly Venn)과 같은 선구적인 인물들은 선교 현지에 세워진 새 교회의 성숙도를 가늠하는 기준으로 '자치'(self-governing), '자급'(self-supporting), '자전'(self-propagating)을 제시했다. 그러나 오늘에 와서는 이 세 가지 요소만으로는 충분하지 않다는 사실이 점점 더 분명해지고 있다. 교회 성숙을 결정짓는 궁극적인 척도는 교회가 '스스로 신학하는 능력'을 갖추고 있는가 하는 점이다. 다시 말해, 교회는 분명한 자기 정체성을 인식할 수 있는 수준까지 도달해야 한다. 이러한 능력은 교회로 하여금 교회가 처한 역사적·문화적 상황 속에서 신학적 해답을 제시할 수 있도록 한다. 만약 교회가 스스로 신학을 형성할 능력이 없다면, 결국 모교회의 단순한 복제판에 머물고 말 것이다.

그러면 '스스로 신학하기'란 무엇을 의미하는가? 여기에는 무엇보다도 자신의 역사를 아는 일이 선행한다. 대부분 비서구 교회의 역사는 선교사들의 관점에서 기술되어 있다. 그러한 저술들이 유용하기는 하지만 현지 신자들이 직접 경험한 삶의 자리에서 몸부림을 치며 겪은 고난과 투쟁이 온전히 반영되지 못하는 한계를 지닌다. 예를 들어, 서구 선교사들이 저술한 한국교회사는 민족의 독립을 쟁취하기 위한 교회의 투쟁을 충분히 반영하지 못했다. 그러한 역사는 일본 제국주의 아래에서 혹독한 고난을 겪었던 사람들, 자신의 목숨을 걸고 독립 투쟁을 했던 사람들에 의해서만 쓰일 수 있는 것이다. 역사 서술의 진정성을 확보하고 교회가 하나님의 백성으로서 자기 정체성과 역할을 확인하는 것은 현지에서 저변을 살았던 사람들의 열정과 통찰이다. 한국 교회가 온갖 죄와 악으로부터 세상을 구원하시는 하나님의 선교에 동참했던 역사는 한국 기독교인들의 손으로 서술되어야 한다.

이와 같은 맥락에서 현지 지도자들에 대한 이야기는 더욱 중요하다. 아시아 기독교인들은 자신들의 신앙적 영웅이 누군지 알고, 그들에게서 영감을 얻으며, 그들을 본보기로 삼을 수 있어야 한다. 하지만 현실은 여전히 많은 아시아 기독교인들이 서구 교회사에 등장하는 믿음의 영웅들에 관한 이야기들만 읽고 있다는 사실이다. 우리가 아시아 교회의 영웅들을 알지 못하는 한, 아시아 교회의 정체성은 여전히 서구 기독교의 기준에 의해 정의될 수밖에 없다. '스스로 신학하기'는 우리가 흔히 '상황화' 혹은 '토착화'라고 부르는 것보다 한 걸음 더 나아가야 한다. 많은 사람들이 상세히 다루어준 것처럼 상황화나 토착화에 있어 가장 본질적인 과제는 현지 교회가 성경의 메시지를 자신들의 문화적 맥락에서 깨닫고 그것을 자신들이 처한 현실과 연결하는 능력을 배양하는 일이다.

이것은 아시아 현지 교회의 성경 읽기가 다른 이질적인 세계관에 의해 좌우되어서는 안 된다는 것을 의미한다. 다양한 현장에 있는 아시아 교회들이 그들만의 문화와 역사적 상황이라는 관점에서 성경을 읽고 깨달은 다음, 그 메시지를 교회가 직면한 영적·육적·사회적·정치적·경제적 필요들과 연결할 수 있어야 한다. 그래야 교회의 신학이 이질적이거나 추상적인 개념으로 전락하지 않고 힘 있게 우리를 향해 발언할 수 있게 된다. 이것이 왜 아시아에서 현지 신학이 요구되는가에 대한 두 번째 긍정적 이유다. 이러한 신학을 형성하지 못한다면, 우리의 신학은 목회적인 측면이나 선교적인 측면에서 현장 적실성을 잃게 될 것이다.

몇 가지 예를 들어 설명해보자. 앞서 우리는 계몽주의의 영향을 받은 서구 신학이 인간 존재의 초자연적 영역 및 기적의 영역을 온전히 포괄하지 못함을 지적했다. 그런데 모든 아시아 문화권에서는 히버트가 '소외된 중간'이라고 말한 이 영역이 세계관의 핵심을 이루고 있다. 매우 흥미로운 사실은 아시아의 대부분 지역에서 빠르게 성장하고 있는 교회가 모두 오순절 계통 및 은사 중심의 교회라는 것이다. 이들 교회는 목회와 복음 전파 사역에서 귀신 쫓는 사역 및 치유 사역을 중요하게 여기고 있다. 성경은 이 소외된 중간 영역에 대해 자주 말하고 있다. 복음이 아시아 백성의 가장 근본적인 필요들에 해답을 제공하기 시작한 것은 성경의 메시지와 아시아의 세계관 사이에 다리가 놓이고 나서다. 그 결과 복음이 효과적으로 전파되고, 교회가 빠르게 성장하게 됐다.

변증학의 전 영역도 또 다른 예가 된다. 아시아 교회에서 가르치고 논의하는 변증학 주제들은 대부분 서구 변증학을 답습하는 수준으로, 서구의 지적 전통에서 제기되었던 문제들이다. 그러나 아시아 종교와 문화가 다시 발흥하고 있는 시점에서 우리가 서구 변증학의 주제들을 배우고 반복하는 것에 그친다면, 아시아 교회는 새롭게 발흥하는 제 종교가 제기하는 도전을 제대로 감당할 수 없게 된다. 우리가 이러한 측면을 깨닫지 못한다면 매우 어리석은 결과가 초래될 것이다. 지난 9·11 사건 이후, 세계 주요 문명 간의 충돌을 예고한 사무엘 헌팅턴(Samuel Huntington)의 논제는 더 큰 의미를 띠게 되었다. 초대교회가 순교자 저스틴(Justin Martyr)과 터툴리안(Tertullian) 같은 뛰어난 변증가들을 배출하여, 당시 이방 세계 속에서 기독교 신앙에 대한 지적 거부감을 제거하는 데 기여한 것처럼, 아시아 교회도 불교, 유교, 힌두교, 이슬람 등의 사상과 대화할 수 있는 독자적인 변증학을 구축해야 한다. 아시아 문명권 안에서 기독교가 온전히 뿌리내리기 위해서는, 아시아 신학자들이 새로운 신학적 논의를 개척해 나가야 한다.

아시아에서 현지 신학이 필요한 마지막 이유는 사회 변혁과 연관이 있다. 아시아의 주요 정치 지도자 중 많은 이들이 공개적으로 서구적 가치를 거부하고 대신 아시아적 가치를 수호할 것을 주창하고 있다. 물론 이것은 그리 간단하고 수월한 문제가 아니다. 1997년 동아시아의 경제 위기는 아시아적 가치들이 비록 유용하기는 하지만 동시에 수정과 확장도 필요하다는 사실을 일깨워주었다. 이러한 문제에 대해 복음은 어떻게 말하고 있는가?

서양 문명을 검토해보면, 그 토대를 이루고 있는 가장 중요한 기초 가운데 하나가 바로 기독교 신앙이었다. 한 예로 많은 사람들은 근대 과학의 초기 발전 단계에 초석을 놓은 것이 종교 개혁자들의 가르침이었다는 사실을 지적했다. 막스 베버와 같은 사람은 자본주의의 문을 열고 부와 근대의 경제 발전을 가능하게 한 것이 개신교 윤리였다고 언급했다. 또 어떤 이들은 종교 개혁의 가르침이 근대 민주주의 발전과 인권 운동에 큰 역할을 했다고 지적했다. 이러한 사실은 기독교인이 아닌 학자들도 인정하는 부분이다. 영국의 주간지《더 이코노미스트》에서 한 익명의 작가는 매우 분명하게 "민주주의는 종교 개혁의 후예다"라고 쓰기도 했다. 만약 교회가 21세기 아시아 사회에 의미 있는 기여를 하려면, 기독교적 사회·정치·경제 윤리를 발전시키기 위해 신학적 노력을 기울여야 할 것이다.

아시아 대륙에 선교사들이 들어온 지 2백여 년이 넘는 시간이 흐른 지금, 아시아 교회는 빠르게 성장하고 있다. 그러나 기독교인의 의식 수준은 아직도 서구적인 사고방식에 사로잡혀 있다. 다가올 미래에 아시아 교회가 목회적으로나 선교적으로 강력한 영향을 미치기 위해서는, 아시아 현지에 적합한 신학을 형성해야 한다. 이를 위해 아시아 교회는 과감하게 신학적 독립을 추구하고, 복음의 본질을 아시아적 맥락에서 새롭게 해석하는 도전을 감행해야 한다.

7장

세계 기독교의
신학 지평을 확장하라

존 음비티 (John Mbiti)

한 아프리카 신학자가 있었다. 그는 신학 학위 과정을 밟으며 독일어, 헬라어, 불어, 영어, 라틴어, 히브리어를 공부했다. 교회사, 조직신학, 설교학, 성경주석 및 실천신학 등 다양한 과목을 이수했다. 그리고 잘 알려지지 않은 중세 신학자에 대한 논문으로 마침내 원하던 바를 성취했다. 신학박사 학위를 딴 것이다. 아프리카 고향을 떠난 후 학위 논문을 쓰고 구두시험을 마치기까지 9년 반의 세월이 걸렸다. 이제 그는 가능한 한 빨리 고향에 가고 싶었다. 그는 비행기에 실을 수 있는 짐 용량이 초과되어 벌금을 물었어도 마냥 기쁘기만 했다. 그 짐 속에는 여러 언어로 된 성경과 불트만, 칼 바르트, 본 회퍼, 에밀 브루너, 부버, 제임스 코운, 한스 큉, 몰트만, 니버, 폴 틸리히 등의 저서, 그리고 《크리스채너티 투

데이》,《타임스》 같은 잡지가 들어 있었다. 고향에 도착하자 그의 친척과 이웃, 친구들, 춤꾼들, 악사들은 물론이고 개와 고양이까지 다 나와 그의 귀향을 환영했다. 마을 사람들은 그를 위해 살진 송아지를 잡고 음식을 준비하며 잔치를 벌였다. 동네 아가씨들은 짐 보따리에 둘러싸인 그의 주위를 맴돌면서 낄낄거리고 어린아이들은 오랫동안 말로만 들었던 장본인을 직접 보게 되어 한껏 들떠 있었다.

그는 모인 사람들에게 자신이 경험한 외국 생활을 들려주었다. 온 동네 사람이 함께 먹고 함께 기뻐하며 그들의 영웅이 하는 말을 들었다. 그는 여러 언어를 습득했고, 수많은 신학 서적을 읽었다. 이제 그는 작지만 빠르게 성장하는 그곳 교회의 희망이요, 동네 사람들의 영웅이었다. 사람들은 그가 부족 언어로 더듬거리면서 하는 말을 참을성 있게 들어주었다. 가끔은 단어가 생각나지 않아 영어로 말하고 부족어로 뭐라 하는지 묻기도 했다. 마을 사람들은 앉아서 시간을 보내는 데 익숙한 사람들이었다. 급한 사람은 아무도 없었다. 시간은 그들에게 있어 생사를 결정짓는 절박한 요소가 아니었다. 그들은 함께 춤추고, 먹고, 이야기하며 그 순간을 마음껏 즐겼다. 왜냐하면 그들이 그토록 기다렸던 주인공이 마침내 돌아왔기 때문이다.

그때 갑자기 비명이 울려 퍼졌다. 누군가 땅에 쓰러졌다. 그의 누이였다. 그녀는 여섯 명의 아이를 둔 가정주부로 지금까지 건강

했던 사람이었다. 그는 누이에게로 달려갔고 사람들은 비켜섰다. 그리고 그를 주시했다. "누이를 병원으로 데려가야 해요." 그가 다급하게 소리쳤다. 그말에 마을 사람들은 깜짝 놀란 표정을 지었다. 그는 갑자기 조용해졌다. 사람들은 일제히 누이에게 몸을 구부리는 그를 바라보았다. 아무런 반응이 없었다. 마침내 작은 꼬마가 와서 말했다. "선생님, 가장 가까운 병원은 이곳에서 50마일 떨어진 곳에 있어요. 게다가 거기까지 가는 버스도 없고요." 또 다른 사람이 말했다. "그녀는 귀신 들렸어요. 병원에 데려가도 고치지 못해요!"

추장이 드디어 입을 연다. "그대는 서양에 가서 10년간 신학을 공부했네. 이제 자네 누이를 도와주게. 할머니의 영이 그녀를 괴롭히고 있네." 그 말에 그는 주위를 둘러보았다. 그는 불트만의 책을 꺼내 색인을 찾기 시작했다. 그리고 '귀신들림'(demon possession)에 관한 해석을 찾아 읽었다. 해답은 뻔하다. 불트만은 귀신들림을 비신화화한 신학자였다. 그는 자기 누이가 귀신들린 것이 아니라고 말한다. 마을 사람들이 소리친다. "누이를 도와주게. 자네 누이는 귀신들렸네." 그는 마을 사람들에게 고함을 지른다. "아닙니다. 불트만에 따르면 귀신들림 같은 것은 없습니다."

이것은 가상의 이야기지만 단순히 허구만은 아니다. 우리가 살아가고 있는 현실의 이야기이기 때문이다. 이야기 속에는 서로 상반된 두 개의 현실이 존재하며, 이 두 현실이 충돌하고 있다. 지난

200여 년 동안, 선교사들의 헌신과 현지 성도들의 협력으로 인해 기독교는 전 세계적으로 확장되었다. 그러나 신학적 발전은 이러한 지리적 확장을 따라가지 못했다.

그 결과 오늘날 기독교 인구의 과반수는 전통적 신학으로 답을 얻을 수 없는 세계에 살고 있다. 전통적인 신학은 아프리카, 남미, 아시아의 일부 지역 그리고 남태평양 연안의 기독교 공동체가 직면한 신학적 문제들에 대해, 서구의 전통적인 신학은 그들의 실질적인 질문을 이해하지도 못하고, 적절한 답을 제공할 수도 없는 상태다. 이것은 부인할 수 없는 현실이다. 기독교는 전 세계로 퍼졌지만, 신학적 관점에서는 여전히 서구 신학에 편중되어 있다. 아프리카나 아시아 출신의 탁월한 신학자들이 많이 배출되고 있음에도 그들 역시 서구 신학의 틀을 벗어나지 못하는 경우가 대부분이다. 이것은 심각한 문제다. 우리가 이 문제를 해결하지 못하면, 신학적 불균형으로 인해 세계 교회의 기반이 점차 흔들릴 것이다.

신학의 영역이 확장되어야 한다

예수님 안에서 이루신 하나님의 구원 역사는 이제 전 세계로 확산되었다. 이는 만물의 마지막 때에 예수님 안에서 흩어졌던 모든 것을 다시 모으기 위함이다. 교회는 흩어지고, 일그러지고, 타

락한 인간 역사의 현장에 존재한다. 따라서 신학은 이러한 교회 사역에 기여를 해야 한다.

교회가 일그러진 현실에 처해 있든, 핍박과 순교의 한가운데에 있든 어떤 현실, 어떤 상황에서도 그 사역을 뒷받침할 수 있어야 한다. 하나님의 섭리 안에서 기독교가 온 세상으로 확산되었듯이, 기독교인으로 태어난 우리, 특히 신학자로 부름을 받은 우리 또한 주어진 시간과 공간 안에서 크고 넓고 멀리 사고할 수 있어야 한다. 기독교 신학은 전통적 틀 너머에 있는 지평까지도 볼 수 있어야 한다. 또한 기존 방식의 편안함에 안주해서는 안 되며, 한계를 넘어서야 한다. 변화하는 현실과 새로운 사역 현장에 맞는 신학적 응답을 제공할 수 있어야 한다.

우리에게 익숙하지 않은 조건, 관점, 관심 및 세계관을 갖고 살아가는 사람들과 부대끼는 그런 삶의 현장에 기독교 신학이 있어야 한다. 비서구 기독교인들이 지적하는 것이 바로 이것이다. 서구 기독교인들이 산 넘고 물 건너 비서구 세계에 복음을 전해주었고, 그 결과 많은 비서구인들이 기독교인이 되어 예수님 안에서 한 몸을 이루었다. 그런데 서구 기독교인들과 신학자들은 비서구 기독교인들의 신학에는 별다른 관심을 두지 않는다. 비서구인 기독교인들은 오랫동안 서구 신학자들의 관심사에 관심을 기울이고 그들의 신학을 배웠다. 마찬가지로 이제는 서구인들이 비서구인들의 관심사에 주의를 기울이고 배워야 할 때다. 그렇게 될 때 비로소 전 세계로 확장된 교회가 복음 전파와 신학의 차원에서 진정한 의미를 찾게 될 것이다.

우리를 향한 도전의 소리가 들린다. "신학적으로 크게 사고하라. 신학적으로 가난하게 사고하라. 억눌린 자, 굶주린 자, 급진적인 자, 주술에 걸린 자 및 신들린 자들의 입장에 서서 신학하라." 그러나 동시에 또 다른 소리도 들린다. "우리에게는 위대한 신학자들이 부지기수로 있고, 도서관에는 셀 수 없이 많은 책과 정기 간행물이 넘쳐나 도서관 열람실에 앉아 편안히 신학 연구를 할 수 있다. 게다가 하루 세 끼 먹을 양식도 충분하게 있다. 이런 우리가 어떻게 크고, 가난하고, 배고픈 신학을 할 수 있겠는가?"

기원후 2천 년을 기점으로 아프리카의 기독교인 수가 북미의 기독교인 수를 초과했다. 또한 머지않아 남미의 기독교인 수가 유럽의 기독교인 수를 넘어설 것이다. 이것이 무엇을 의미하는지는 자명하다. 기독교의 중심축이 북반구에서 남반구로 이동하고 있다는 뜻이다. 이제는 세계 교회의 중심이 더 이상 제네바, 로마, 아테네, 파리, 베를린, 런던, 뉴욕이 아니다. 킨샤사, 부에노스아이레스, 아디스아바바 혹은 마닐라가 중심이 될 것이다. 우리가 비서구 기독교를 중심으로 한 신학 작업을 자발적이고 의식적으로 전개하지 않는다면, 기독교의 새로운 중심에 있는 교회들은 적절한 신학적 토대를 갖지 못한 채 서구 신학만 답습하며 무기력하게 머물게 될 것이다.

신학의 지평을 넓혀야 한다

신학의 궁극적인 목적은 우리와 함께하시는 하나님, 즉 예수님 안에 계시된 하나님의 의미를 세상에 전하는 것이다. 교회가 처해 있는 현실과 상황이 어떠하든지 이 복음을 나누지 못하는 교회는 실패한다. 기독교 신학이 직면한 도전도 바로 여기에 있다. 지난 500여 년 동안 서구 기독교는 서구 사회의 요구에 따라, 서구 사회가 직면한 문제들을 중심으로 신학을 발전시켜왔다. 그러나 이제 기독교는 서구적 상황과는 전혀 다른 상황, 문화, 관심사, 전통 및 문제들을 가진 비서구 세계에서 성장하고 있다. 이러한 차이를 보여주는 한 예를 들어보자. 현재 아프리카 기독교인들의 주된 관심사 혹은 화두를 살펴보면 그것은 '생존'이라는 한 단어로 요약된다. 국가의 생존, 공동체의 생존 및 개인의 생존이다. 따라서 아프리카 교회는 생존에 대한 관심을 신학화해야 한다. 그렇지 않으면 교회의 사명을 책임 있게 감당하지 못한다.

국가의 생존

대부분의 아프리카 국가는 1960년 이후에 독립했다. 그러나 독립 이후의 새 시대를 어떻게 열어갈 것인가라는 문제는 지금도 여전히 주된 관심사다. 독립을 쟁취한 대부분의 국가에서 기독교인들은 국가 정신의 함양과 독립운동에 핵심적인 역할을 해왔다. 포르투갈 및 다른 유럽 국가의 식민지로 있을 때부터 독립운동에 앞장섰기 때문이다. 이제 독립 국가가 된 상황에서 그들은 교회와 기독교인들에게 어떤 역할을 요구하고 있을까? 식민 지배를 받던 상황에서 아프리카 사람들의 주된 관심은 독립, 혁명, 해방 등이었다. 그렇다면 독립운동을 하던 기독교인들에게 해방 신학은 어떤 의미를 지닐까? 또한, 기독교인들은 해방운동에 어느 정도까지 가담해야 하는가? 세계교회협의회(WCC)가 '인종차별 철폐운동'의 일환으로, 그들이 벌이는 독립운동에 재정적인 지원을 하는 것에 대해 우리는 어떻게 생각해야 하는가?

오늘날 아프리카 대다수 나라에서는 국가 재건이 현안 이슈다. 하지만 서구의 개발 신학은 실제로 개발이 진행되는 아프리카의 현실과 거리감이 있는 신학자들에 의해 쓰였다. 그렇다면 그것이 과연 아프리카의 개발에 실질적인 도움을 줄 수 있을까? 국가 개발이 진행되는 현장에서 하는 신학적 성찰은 예수님 안에 계시된 하나님의 의미를 더욱 깊이 깨닫는 데 어떤 기여를 할 수 있을까? 국가 이념의 문제도 있다. 남아프리카공화국의 인종차별, 아프리카 사회주의, 공산주의, 중립주의, 민주주의 및 범아프리카주의 등 다양한 정치적 이념이 존재한다. 기독교 신학은 이들 이념에 대해 어떤 관점을 제시할 수 있을까? 아프리카의 문화, 기질, 정체성 문제도 신학적 성찰이 필요하다. 아프리카 전통문화가 교회 사역에 어떻게 활용될 수 있는지, 전통문화가 다시 부흥하는 현상을 단순히 방관하는 것이 옳은지도 생각해봐야 한다. 문화를 형성하고, 비판하고, 되살리고 또한 변혁시키는 교회의 역할이 요구된다.

아프리카 대부분의 국가에는 인종차별, 종족주의, 족벌정치, 부패 등의 고질적인 문제가 여전히 존재한다. 하지만 이러한 문제들은 교회의 설교나 비판만으로 해결되지 않는다. 그렇다면 인종 문제를 비롯한 부패나 족벌정치 등의 문제를 해결하기 위해 신학은 어떤 방법을 강구해야 할까? 또한 아프리카 국가들의 공통된 문제는 가난이다. 그렇다면 경제 문제, 빈곤 문제, 착취 문제, 국가 자원의 배분 및 활용 문제 등을 신학적으로 어떻게 다룰 것인가?

교회와 국가의 관계에 관해서는 서구 신학자들이 이미 많은 논의를 했다. 그러면 아프리카 교회가 경험하는 국가와의 관계는 어떨까? 아프리카에서 교회와 국가의 완전한 분리는 가능한가? 기독교인들이 국가의 독립을 위해 싸울 수 있는가? 독립을 이룬 다음에는 국가 문제를 멀리하고 방관할 것인가? 아프리카 여러 나라에서 일어나는 군사 쿠데타에 대해 교회는 어떤 해석을 내릴 수 있는가? 부유한 나라들이 무기 판매를 통해 아프리카 국가들을 경제적으로 착취하는 현실에 대해 교회는 어떤 해석을 내릴 수 있는가? 국가 재정의 사용에 있어서 교회는 국민의 세금이 올바르게 쓰일 수 있도록 우선순위를 제시할 수 있는가? 국민 소득이 100-

200달러에 불과한 나라에서 교회는 국민의 경제적 삶을 개선하기 위해 어떤 역할을 할 수 있을까?

공동체의 생존

이것은 교회와 직접 연결되어 있는 문제다. 기독교 공동체는 성도들의 모임이며, 신앙의 교제의 장이며, 또한 독특한 사회적 단위이다. 그렇다면 기독교 공동체는 아프리카의 다양한 사회적 공동체 속에서 어떤 위치를 차지할 수 있을까? 부족, 종족, 정당, 연령 집단, 학교 공동체, 남성과 여성 단체 등 다양한 공동체가 존재하는 상황에서 기독교 공동체는 그들과 어떻게 조화를 이루며 존재할 것인가? 기독교 공동체 안에는 에큐메니컬 운동을 비롯한 다양한 교파가 존재한다. 이것은 서구에서 도입된 개념이기도 하지만, 아프리카 현지인들이 자체적으로 형성한 측면도 있다. 예를 들면, 아프리카에는 성공회, 정교회, 개신교 소속의 교회 조직과 선교 단체들이 약 650개나 존재한다. 그리고 356개의 천주교 교구가 서구식의 조직을 갖추고 있다.

또한 1972년 기준으로 이미 5,400개의 독립 교회가 존재하고 있었다. 그뿐이 아니다. 각국에는 전국기독교협의회(NCC)가 있고, 천주교주교회의, 아프리카교회협의회, 성서공회, 기독교청년회(YMCA) 및 기독교여자청년회(YWCA) 등의 국제 기독교 단체들도 있다. 이처럼 다양한 조직과 혼란 속에서 기독교 공동체는 어떤 의미를 가질 수 있을까? 최근 아프리카에서는 교회 연합을 위한 논의가 활발하게 이루어지고 있다. 이는 전 세계적인 교회 일치의 흐름과도 연관이 있다.

서구 선교로 시작된 아프리카 교회는 이제 세계교회협의회 산하 다른 국가에 있는 모든 교회 수보다 더 많아질 것으로 전망된다. 이로 보건대 아프리카 교회가 미래 역사를 어느 방향으로 바꿀지도 기대된다. 멀지 않은 장래에 세계교회협의회의 본부를 제네바에서 킨샤사(아프리카 콩고민주공화국의 수도-옮긴이)로 옮기는 제안도 해볼 수 있을 것 같다. 아프리카 기독교의 빠른 성장을 고려할 때, 20세기가 마감되기 전에 아프리카에서 교황이 선출될 수 있겠다는 생각도 해보게 된다.

만약 아프리카 교황이 천주교 본부를 바티칸에서 캄팔라(우간다의 수도)로 옮기자고 제안한다면 어떻게 될까? 아프리카에는 가뭄, 기근, 병충해, 재난, 전염병 등의 문제도 있다. 병원과 학교의 부족, 도로와 교량의 부족, 타 종교들 특히 이슬람과 아프리카 전통 종교의 문제 등 여러 문제에도 직면해 있다. 아프리카 사람들은 이러한 문제들과 날마다 씨름하며 살아가고 있다.

그렇다면 비를 오게 하는 신학, 벌레를 방지하는 신학 및 도로 기술의 신학 같은 것은 어떨까? 과거에는 그런 신학이 가능하지 않았지만 이제 기독교가 서구의 경계를 넘어 전 세계로 확장되었기에 더 포괄적인 신학을 형성하지 않으면 안 될 것이다. 이들은 날마다 이런 이슈들과 부딪히며 살아가야 할 사람들이기 때문이다. 만일 교회가 이런 문제들에 대해 할 말을 갖고 있지 않다면, 다른 종교들이 나서게 될 것이다. 그렇게 되면 생존을 위해 애쓰고 있는 아프리카 백성들의 삶 속에 기독교가 설 자리를 잃게 된다.

개인의 생존

기독교 신앙은 국가적 차원이나 공동체적 차원보다는 개인적 차원에서 받아들여지고 실천된다. 결국 모든 기독교인은 자신의 믿음을 내면화시켜야 한다. 이렇게 믿음을 개인의 것으로 받아들이는 과정에도 신학이 개입된다. 건강과 치유, 슬럼가와 주택, 교육비와 생활비, 실업, 인간관계, 주술이나 마술, 혼령과 귀신들림, 환상과 꿈 등 개인과 가족의 차원에서 그들의 관심을 끌고 또한 해결을 기다리는 수많은 주제가 있다. 치유의 신학은 어떨까? 귀신들림은 어떻게 해석되어야 하나? 꿈과 이상(vision)은 그저 무시해야 하는 것인가? 꿈과 이상을 통해 하나님의 지시를 받으며 하나님과 교통한다고 하는 사람들이 있는 교회와는 상종을 하지 말아야 하는가? 아프리카에서 '꿈의 신학'은 전혀 공허한 담론이 아니다. 일반 성도나 국가의 지도자급에 있는 사람이나 할 것 없이 종종 꿈과 이상을 받아 행동하는 경우가 적지 않다. 개인적인 경험을 말하자면 나 역시 기독교 사역자로 소명을 발견한 계기가 일종의 이상을 통해서였다. 나는 기쁨에 차서 매우 진지하게 그 경험을 가까운 미국 선교사들에게 말했다. 그때가 1951년 1월인데, 그들은 "존, 자네 정신이 나갔군" 하고 말하며, 그들이 내 말을 크게 웃으며 무시한 사건은 내게 매우 큰 상처가 되었다. 하지만 그들이 '정신 나간' 것이라고 말했던 바로 그 경험을 통해 내 인생은 완전히 변화되었다.

기독교에 대한 새로운 이해

우리는 21세기 아프리카 교회 현실에서 기독교 계시, 교회 공동체, 구원, 그리스도, 성령님, 그 밖의 수많은 근본적인 주제가 어떤 의미를 가지는지 새롭게 질문해야 한다. 아프리카에서 사역하며 다양한 생존 문제들과 씨름하는 우리로서는, 그동안 우리가 배웠던 서구의 신학이 지금 우리의 현실에 얼마나 도움을 줄 수 있을지 의문을 가지지 않을 수 없다. 우리가 유럽이나 미국으로 보낸 신학도들이 서구 신학의 할례를 받고 아프리카로 돌아왔을 때, 아프리카 삶의 현장에서 가장 절박한 문제들 및 우리의 생사가 걸린 문제들에 대답을 줄 수 없다면, 우리는 실망하게 될 것이다. 우리는 아프리카의 아들과 딸을 서구로 보내면서 그들이 아프리카의 복음화를 위한 참된 일꾼이요, 실천적인 일꾼들로 훈련받고 돌아오길 기대한다. 그들을 형편없는 일꾼으로 만들거나 아니면 물에 물 탄 식의 신학을 가르쳐서 다시 아프리카로 돌려 보낸다면 그것은 아주 곤란하다. 복음 전파 사역도 난관에 부딪힐 것이다.

예를 들어, 서구에서 '희망의 신학'을 배웠다면 아프리카 현장에서 굶주린 자를 먹이고, 기근을 없애고, 일자리를 늘리는 희망을 신학화할 수 있는 능력을 길러야 한다. 우리에게 절실하게 필요한 그런 희망의 신학이 전개되어야 하는 것이다. 그러지 못하면 개인이나 공동체나 희망이 성취되기도 전에 죽고 말 것이다. 아프리카 기독교인들에게 희망의 신학이 필요하다는 것을 보여주는 격언이 있다. "위틸레 은다쿠사아(Weteele ndakusaa)." 이 말은 '약속된 것을 기다리는 사람은 그의 희망 혹은 기대가 성취되기 전에는 결코 죽지 않는다'는 뜻이다. 오늘날 아프리카의 개인과 공동체는 그들이 희망하고 바라는 것이 성취되기를 간절히 소원하고 있다.

우리의 과제는 신학적 성찰의 영역과 지평을 넓히고 다변화시키는 일이다. 소위 말하는 어린 교회에 속한 우리는 서구 신학의 담론에서 과감하게 빠져나와야 한다. 이는 그동안 서구 기독교가 쌓아 올린 신학적 유산들을 무조건 부정하는 것이 아니다. 오히려 아프리카의 현실에서 떠오르는 새로운 문제들에 대한 신학적 의미를 밝혀주고 방향을 찾는 작업이다. 신학하는 기준은 변함없이 동일하다. 왜냐하면 우리는 같은 하나님을 섬기고 같은 믿음을 갖고 있기 때문이다. 다만 신학적 성찰과 신학 작업을 수행하는 방향과 방법에 있어서는 모든 시대, 모든 장소를 초월하여 존재하는 불변의 어떤 것이 있을 수 없다. 따라서 새로운 방식으로 신학의 길을 모색하는 일은 대단히 중요하다. 그렇지 않으면 기독교가 기존의 경계를 넘어 새 지역으로 확장될 때 이미 진부하고 무미건조한 종교가 될 것이다.

신학은 편안한 자, 안전한 자, 고등교육을 받은 자, 부유한 자들이 독점할 수 있는 것이 아니다. 밭을 기경하는 농부들이 부르는 노래와 가사에 신학이 들어 있다. 병든 자녀를 간호하는 부모가 즉흥적으로 드리는 기도에서도 신학이 발견된다. 마을 전도자의 두서없는 설교 속에, 자신은 문맹이면서도 독립 교회를 세운 이의 카리스마 넘치는 지도력에서, 예수님을 만나 일곱 명의 아내와 자녀들과 함께 기독교로 회심하기까지 했던 어느 노인의 고민 속에서 신학이 발견된다. 사실 아프리카 교회에 속한 수많은 사람의 삶과 고민 속에는 이미 신학이 들어 있다. 그것은 비공식적 신학, 조용한 신학, 각주가 없는 신학, 세련되지 않은 신학이다. 그러나 그 나름의 독자적인 방식으로 보면 여전히 신학이다. 동시에 전 세계 기독교 안에서 당당히 인정되어야 할 신학이기도 하다.

신학적 제약을 넘어서

교회가 공허한 이론만을 앞세워서는 오늘날 우리의 삶 속에 움직이는 사탄의 권세를 억제할 수 없다. 교회는 백성들이 고민하고 염려하는 문제들을 정면으로 다루어야 한다. 그리고 교회가 이러한 사명을 잘 감당할 수 있도록 신학이 도와야 한다. 신학이 그 역할을 제대로 해내려면 과거 전통으로부터 물려받은 제약에서 벗어나야 한다. 그래야 아프리카에서 기독교가 폭발적으로 부흥했듯이, 신학도 그렇게 폭발적으로 부흥할 수 있다. 아프리카의 신학은 아테네나 로마에 있는 어떤 신학교에서 배운 것을 쫓아가는 수준이 되어선 안 된다. 그 대신에, 자체의 방법론, 자체의 방향성, 자체의 목소리를 찾아야 한다. 이것은 하나님의 백성이 살고 있는 곳이라면 어디에서나 적용된다. 예수님 안에 계시된 하나님의 의미는 현지인들이 이해할 수 있는 방식으로 전달되어야 한다.

먹을 것이 없어서 허기진 배를 움켜쥐어야 하는 처절함을 경험한 아프리카 신학자는 접시 가득 스테이크가 놓여 있어도 식욕이 없어 먹지 못하는 미국의 신학자와는 명백히 다른 방식으로 신학 작업을 전개해야 할 것이다. 신학적 제약으로부터 자유로워진다는 것은 실수를 범할 수 있는 자유까지도 포함한다. 비서구 신학자들은 때로 이단적이 되거나 신학적인 오류를 범할 수도 있다. 하지만 그러한 이단과 오류에 대항하는 과정에서 건전한 신학적 성찰이 형성된다는 사실도 기억해야 한다. 그렇기 때문에 이단과 오류를 두려워할 필요가 없다. 서구 교회와 서구 신학이 지나친 간섭과 보호를 하게 되면, 비서구 기독교 신학의 발전은 그만큼 늦어질 뿐이다.

아프리카 독립 교회의 경우를 보면, 비록 그들이 기존 교회와 신학적 마찰을 빚고 등장한 것은 아니지만, 어쨌든 서구식 신학에 대한 저항이 있는 것만은 분명하다. 5,400개의 독립 교회는 분명 교회론의 입장에서 검토해야 할 현상이다. 5천여 가지의 서로 다른 신학적 입장이 전개되는 것은 바람직하지 않기 때문이다. 우리가 주목해야 할 사실은 우리가 신학적 제약을 가하게 되면 그에 반발하여 독립 교회와 같은 돌출 현상이 나타날 수 있다는 것이다. 신학적 분열과 이단이 등장할 수도 있다. 따라서 우리의 과제는 서구 신학에 대해 극단적으로 부정하고 반발하는 부류와 서구 신학과 서구 신학자들을 맹목적으로 모방하고 흉내 내는 부류 사이에서 적절한 균형을 잡는 것이다.

결국 세계 기독교가 직면한 과제는 지역 교회의 상황에 걸맞은 신학 작업을 하면서도 전체 신학계와의 상호성을 유지하는 일이다. 이것이 이루어질 때 세계 기독교에 속해 있는 각 지역의 모든 신학적 성찰이 우리의 주님 예수님과 연결된다. 그렇다면 이것을 어떻게 이룰 수 있는가? 나는 그 해답을 갖고 있지는 않으나, 개인적인 희망 사항을 말해보려고 한다.

신학 작업의 상호성을 위하여

세계 기독교를 어른 교회(Older Church)와 어린 교회(Younger Church)로 구분하거나 또는 서구 기독교와 비서구 기독교로 구분하는 것은 실제적이긴 하지만 동시에 잘못된 것이다. 그것이 실제적인 이유는 현실이 그렇기 때문이다. 그것이 잘못인 이유는 그런 식으로 구분되어서는 안 되기 때문이다. 하지만 그렇게 구분되어 있는 현실이 우리에게는 매우 가슴 아픈 일이다. 우리는 그러한 구분을 극복할 수 있는가? 아니 우리가 그것을 극복하길 원하는가? 그것을 극복할 준비는 되어 있는가? 그것을 극복하는 것이 바람직한가? 아니면 현실은 현실대로 받아들이고, 그 상태에서 그것을 최대한 활용해야 하는가? 비서구 기독교의 신학자들은 서구 신학을 배우기 위해 신학적 순례를 했다. 우리에게는 달리 선택의 여지가 없었다. 우리는 서구 신학자들과 함께 신학을 먹었고, 신학을 마셨고, 신학적 꿈을 꾸었다. 그것은 언제나 일방적이었다. 비서구 신학자들은 서구 기독교를 신학적으로 알고 있다.

그런데 문제는 이것이다. 서구는 우리를 신학적으로 아는가? 또는 우리를 신학적으로 알려고 하는가? 신학적으로 우리를 알 수 있는가? 비서구 기독교는 서구 신학을 아주 잘 알고 있지만, 서구는 비서구 기독교 신학을 알지도 못하고 알려고 하지도 않는다. 그렇다면 이런 상황에서 어떻게 신학의 상호관계를 말할 수 있는가? 서구 신학은 우리의 잠재의식 속에 자리하면서 우리의 신학 작업에 영향을 미친다. 우리는 예수님 안에서 교제한다는 차원에서 서구 신학을 배우고 서구 신학에 동참한 것을 특권으로 여기고 있다. 그런데 서구 신학자들은 어떤가?

그들은 신학 작업에서 비서구 기독교와 비서구의 신학을 의식하고 있는가? 비서구 기독교에 신학이 존재한다는 사실에 무지하거나 혹은 알면서도 그것을 무시하는 태도가 바뀌지 않는 한, 서구 신학이 비서구 신학자들을 훈련하는 일방적 관계는 변하지 않을 것이다.

또한 신학의 상호관계도 이루어지기 어렵다. 우리가 서로 다른 지역의 관심사들을 끌어안고 그들의 지평으로까지 신학을 확장시키지 않는다면, 북반부 기독교와 남반구 기독교 혹은 동양 기독교와 서양 기독교 사이의 대화는 불가능하게 될 것이다.

우리는 서구 신학계에서 논의되는 주제들을 잘 알고 있다. 그들 또한 인간 생존이 걸린 우리의 고민과 문제에 대해 알려고 해야 한다. 서구 신학계의 많은 신학자들이 2-3세기에 일어났던 이단들에 관해서는 잘 알고 있으면서도, 비서구 세계의 다양한 지역에서 전개되고 있는 기독교 운동들에 대해서는 거의 무지하다는 사실은 기막힌 노릇이 아닐 수 없다. 우리는 지금 제3세계의 기독교를 연구하는 것보다 이미 오래전에 사장된 이단을 연구하는 것을 신학적으로 더 의미 있게 여기는 그들의 태도에 매우 불쾌한 마음을 갖고 있다. 만일 미국에 비서구 기독교와 신학만을 전문적으로 연구하고 가르치는 신학교를 세운다면 어떨까? 세계교회협의회 본부를 킨샤사나 브라질리아에 다시 세운다면 보다 상징적인 의미를 가지지 않을까? 미국과 유럽의 신학교에 더 많은 비서구 신학자를 채용하는 것은 어떨까? 교과과정에는 어떤 수정이 필요할까?

신학 일부 영역에서 박사 학위를 줄 때 독일어, 히브리어 및 헬라어뿐만 아니라 구제라티어(Gujerati), 스와힐리어(Swahili) 혹은 소사어(Xhosa)를 요구하는 시대가 오지는 않을까? 신학을 공부하기 위해 빛이라고는 등잔밖에 없는 조그만 통나무집에서 한 달간 지내는 것은? 우리는 우리가 직면한 삶의 현장에 관한 학위 논문을 쓸 수 있어야 한다. 굶주림과 질병, 가난에 시달리는 사람에게 어떻게 복음을 제시할지를 주제로 학위 논문을 쓸 수 있어야 한다. 또한 대나무 가지처럼 비쩍 마른 사람, 한때 정부 관리로 있으면서 부와 권력을 누리며 벤츠를 타고 다니다가 군사 쿠데타로 갑자기 전락하여, 감옥에서 하루 두 끼 한심한 음식으로 연명하면서 변기통 위에서 잠을 자고, 조직적인 고문을 당하고, 인간의 기본 권리마저 모두 빼앗긴 사람, 정착한 백인들에게 조상 적부터 물려받은 땅을 모두 빼앗겨버린 가족, 이들에게 복음을 전할 방법은 무엇인가 하는 논문이 쓰일 수 있어야 한다. 때때로 우리는 우리가 당하는 비참한 현실 앞에서 무력함을 느낀다. 우리가 갖고 있는 신학이라는 칼날이 우리가 처한 삶의 현실 앞에서 그렇게 무기력해질 정도로 무디고 녹슬었는가? 우리 시대가 직면한 현실은 전통적인 신학으로는 도저히 설명할 재간이 없는데도, 여전히 재래식 무기만 고집하면서 스스로 속고 있는 것은 아닌가?

앞에서 언급했던 그 아프리카 신학자는 9년 반 만에 신학 박사 학위를 마쳤고, 그동안 수집한 책들을 싸 들고 금의환향을 했다. 자신이 속한 부족 사람들이 살고 있던 삶의 현실로 돌아온 것이다. 귀환을 축하하는 파티가 무르익을 무렵 그의 누이가 할머니의 혼에 붙들려 땅바닥에 넘어졌다. 마을 사람들은 그가 귀신을 쫓아내기를 기대했다. 그러나 그의 처방은 불트만의 이론에 따라 누이의 고통을 비신화화한 것뿐이었다. 그 신학자는 하나님의 나라가 힘과 능력으로 임한다는 사실을 배우지 못했던 것이다.

"하나님의 나라가 하늘에서 이루어진 것같이 이땅에서도 이루어지이다. 아멘."

8장
아프리카 신학이란 무엇인가

크와메 베디아코 (Kwame Bediako)

아프리카 제 국가들이 서구 식민 지배로부터 독립한 1950년대 말부터 시작하여 선교사 이후 시대인 1980년대에 이르기까지 아프리카 신학계에는 두 가지 큰 흐름이 나타났다. 하나는 아프리카 공화국의 불평등과 압제의 상황이 바뀌기를 기대하며 전개된 신학으로 사회 정치적 투쟁을 신학 담론으로 담아내는 것이다. 그 결과로 나온 것이 아프리카의 해방 신학이라 할 수 있는 '흑인 신학'이다. 이것은 남아프리카 공화국이라는 특수한 상황에서 신학 성찰의 소산이라 할 수 있다. 다른 하나는 아프리카 백성의 토착 문화를 신학 담론으로 담아내는 작업이다. 기독교가 전래되기 이전(또는 이슬람의 전래 이전)의 아프리카 전통 종교를 어떻게 기독교와 조우시킬 것인가 하는 것이었다. 이러한 문제 제기는 주로 적도 주변의 국가들에서 일어났다. 이 지역 국가들은 정치적 독립을 이루었기 때문에 남아프리카 공화국과 같이 사회적이고 정치적인 압제를 경험하지 않았다. 이 두 번째 흐름은 아프리카 고유의 종교적 경험과 아프리카 기독교인들의 복음에 대한 헌신을 어떻게 통전시킬 것인지, 그리고 아프리카 사람으로서 가지는 문화적 정체성과 기독교인의 정체성을 어떻게 조화시킬 수 있을지 고민하는 가운데 나왔다. 여기서는 이 두 번째 흐름을 중심으로 아프리카 신학 사상을 검토하고자 한다.

아프리카 신학의 초기 관심사

아프리카 신학 발전의 초창기에는 전통 종교가 초미의 관심사로 등장했다. 일부 신학자들은 이러한 현상을 상상 속에 존재하는 아프리카의 과거에 집착하는 것으로 보았고 자기도취이며 또한 건강하지 않은 작업이라고 평했다. 그런 비판을 한 사람들 가운데 한 명이 아드리안 헤스팅이다.[1]

그는 십자가 신학과 같이 정치적 성향의 신학이 흑인 신학으로 더 큰 가능성을 가졌다고 생각했다. 동시에 아프리카의 비기독교인 학자들은 이런 흐름에 대해 아프리카 전통을 '기독교화' 시키려는 시도요, 그들의 전통을 왜곡하려는 시도라며 강력하게 거부하였다. 그들은 기독교 이전의 종교적 전통과 아프리카 기독교인의 경험을 통전시키는 시도는 잘못된 구상이요, 지지받을 수 없다고 비판했다. 왜냐하면 이런 작업이 본질적으로나 내용상으로나 서로 반대편에 서 있는 두 입장을 억지로 화해시키려는 것처럼 보였기 때문이다.[2] 이런 아프리카 신학과 업적에 대해 가장 긍정적인 평가를 내린 사람은 다름 아닌 흑인 신학의 선구자 가운데 한 사람인 데스몬드 투투 주교였다.

> 아프리카 신학자들은 아프리카의 종교적 경험과 유산이 허상이 아니요, 오히려 복음 진리를 전달하는 통로 역할을 했다는 것을 증명하려고 노력했다. …… 아프리카 종교 유산에 대한 이런 새로운 조명은 아프리카인의 자긍심 고취에 긴요한 일이다. 이것은 그동안 아프리카 역사를 연구하던 사람들의 입장을 수정하는 일이다. 또한 아프리카의 종교와 역사가 마치 백인들이 아프리카 대륙에 발을 들여놓은 때부터 시작했다는 식의 말도 되지 않는 전제를 뒤집는 것이기도 하다. 아프리카인은 아프리카 나름대로 하나님에 대한 지식을 갖고 있었고 또한 신적 존재와 교통하는 고유의 방식을 갖고 있었다. 이것은 아프리카 기독교인들이 다른 사람들을 무조건 모방하지 않고 우리 방식에 따라 하나님과 직접 대화할 수 있는 능력이 있음을 말해준다. 우리는 위대한 종교 유산을 소유하고 있으며 이것은 우리에게 엄청난 자산이다. 우리는 이것을 통해 하나님에 대해 설명하고 혹은 하나님과 대화하는 새로운 방식을

만들어낼 수 있다. 또한 기독교 신앙에 부합하는 새로운 예배 스타일도 만들어낼 수 있다.[3]

투투 주교의 글은 '아프리카의 풍성한 문화유산과 종교의식을 새롭게 조명하려는' 신학적 노력이 지극히 타당한 것임을 확인해 준다. 하지만 이러한 조명 작업이 의식적으로 신학자들에 의해, 특히 기독교 신학의 영역 안에서, 전개된 이유를 더 첨부하여 설명할 필요가 있다. 아드리안 해스팅즈는 자신의 책「아프리카 기독교의 해석」에서 아프리카 신학의 초기 형성 과정에 관해 기술하고 있는데, 그는 "아프리카 신학자들이 씨름해야 하는 비성경적 현실은 자기 민족의 비기독교적 종교 전통"[4] 이라는 것에 주목했다. 그는 또한 아프리카 신학은 초기부터 "아프리카 신학자와 아프리카의 오랜 종교 및 아프리카의 영성 사이의 대화"를 특징으로 한다는 사실도 지적하였다. 이것은 해스팅즈 자신에게 다소 기운 빠지는 일이었다. 왜냐하면 '전통 기독교 교리들 가운데 아프리카의 과거와 연결고리를 찾을 수 없는 것들은 사라지거나 아니면 배제될 것'이기 때문이다. 특히 그는 아프리카 신학에서 기독론에 대한 치열한 논의가 없는 현상에 대해 우려했다.[5]

선교사 시대에는 진지한 신학적 고려의 대상으로 그 가치를 인정받지 못했던 아프리카의 원시 종교가 이제는 '학문적 담론의 핵심 주제'가 되었다. 우리가 잘 아는 것처럼, 1910년에 개최된 에든버러 세계선교대회는 기독교 신앙의 가치 설정을 주도했던 유럽이 중심이었다. 그 대회는 아프리카의 원시 종교는(아프리카 신학자들은 '아프리카 전통 종교'로 표현함) '기독교 복음에 도움 될 내용이 없다'라는 결론을 내렸다. 여기서 우리는 아프리카 원시(혹은 전통) 종교에 대한 관심이 부쩍 고조된 이유를 이해하고 넘어가야 한다. 그래야 초창기 신학자들의 저술을 바로 이해할 수 있고, 그들의 업적을 온당하게 평가할 수 있으며 또한 그들이 형성한 신학의 흐름과 방향을 정확하게 진단할 수 있다.

아프리카 신학의 방법론 만들기

아프리카 신학이 의식적으로 '아프리카의 문화유산과 종교의식에 대한 새로운 조명'을 한 것은 결국 아프리카인의 기독교 정체성을 규명하려는 노력이었다. 아프리카 신학자의 입장에서 원시 종교는 아프리카의 과거에 속한 것이다. 하지만 이 과거는 연대기적 과거가 아니라 '존재론적' 과거다. 이것이 중요한 이유는, 아프리카의 존재론적 과거와 기독교 신앙 두 가지 모두 아프리카 기독교인의 종교의식을 형성하고 있기 때문이다. 따라서 기독교 이전의 아프리카의 종교 유산에 대해 신학적 관심을 기울이는 것은 아프리카 기독교인의 정체성을 밝히는 문제와 직결된다.

여기에는 다음과 같은 추구가 있다. 케네쓰 그랙이 말했던 '회심의 순전성, 곧 아프리카의 과거와 오늘의 기독교 신앙이 진정으로 통합되는 자아의 통일성'[6]을 추구하는 일이다. 그는 "우리를 기독교인으로 만드는 회개의 경험과 믿음은 아프리카인으로서 가지는 우리의 과거 유산과 통합되어야 한다"고 말한다. 파숄레-루크도 이와 유사한 견해를 피력했다. 그는 "아프리카 기독교 신학의 모색은 결국 기독교로 회심한 것과 문화적 연속성이 함께 가야 한다는 사실을 분명히 하려는 것이다"[7]라고 했다. 따라서 원시 종교가 기독교 복음에 아무런 도움이 되지 않는다고 했던 서구 선교사들의 관점은 수정될 필요가 있다.

존 음비티는 선교사 이후 시대의 아프리카 교회를 설명하면서 선교사들이 '신학도 없고 신학적 의식도 없는 교회'를 만들어놓은 것이 문제라고 지적했다.[8] 이러한 현상은 일차적으로 아프리카 기독교인의 의식 속에 기독교 이전 시대의 집단적 기억을 지워버리려는 시도에 기인했다. 신학적 의식은 종교 전통에 토대를 두고 있으며, 전통은 집단 기억을 배경으로 갖고 있고, 또한 이 집단 기억이 정체성의 핵심을 이룬다. 집단 기억이 없으면 과거도 없고, 과거가 없어지면 정체성도 잃게 된다. 아프리카 신학의 초기 저술들을 검토한 후 앤드류 월즈는 과거의 종교 전통을 탐구하는 신학적 의의를 다음과 같이 확인한 바 있다.

아프리카 기독교인에게 있어서 정체성의 위기처럼 긴급한 질문은 없다. 이것은 단순히 지적 탐구를 위한 질문이 아니다. 기독교 역사의 거대한 흐름에서 기독교의 중심 이동이 일어났는데, 이것은 식민 시대 서구 열강에 의한 문화 충격과 동시에 일어났다. 이제 서구 제국들은 사라졌다. 기독교 신앙에 대해 서구식 잣대로 옳고 그름을 판단하는 것도 더이상 받아들여지지 않는다. 이제 아프리카 기독교인의 설 자리는 어디인가? 아프리카 기독교인들의 과거는 무엇인가? 과거는 우리 모두에게 필수 불가결하다. 과거가 없다면 기억상실증에 걸린 사람처럼 우리 자신이 누군지 알 수 없게 된다. 오늘 아프리카 신학의 탐구에서 단연 화두가 되는 질문은 이것이다. 아프리카 기독교인의 과거는 무엇인가? 아프리카의 오랜 전통 종교들과 새로운 종교인 기독교 사이의 관계는 무엇인가?[9]

아프리카 신학에서 '아프리카 전통 종교의 속성 및 기독교 신앙과의 연속성' 문제가 중점적으로 다뤄지는 것은 전혀 이상한 일이 아니다. 이 문제는 다양한 각도에서 접근되고 있지만, 여러 학자들의 공통적인 관심사인 것만은 분명하다. 이는 아프리카 신학을 형성하는 동력이기도 하다.

아프리카 신학자들이 공통으로 느끼는 문제들은 대략 다음과 같다. 첫째, 선교사 시대에 서구 교회는 자신들의 잣대로 아프리카인들의 하나님 지식 또는 하나님 인식이 가치 없는 것으로 판단

했다. 이 관점은 아프리카 기독교인들 사이에도 광범위하게 퍼져 있는데 이제 그것이 신학적으로 문제가 된다는 사실을 밝힐 필요가 있다.

둘째, 아프리카 원시 종교의 많은 요소들이 여전히 아프리카 기독교인의 심성 속에 살아 있다. 그것은 다 낡아버린 '원시적 사고방식'으로서가 아니라 그들의 세계관에 핵심적인 요소로 살아 있다. 아프리카 원시 종교의 제 요소는 독립 교회에 속한 사람들뿐만 아니라 모든 교파 모든 아프리카 기독교인의 일상 현실 속에 살아 있다.

셋째, 아프리카 신학은 기독교 진리를 탐구하는 일에서 지금껏 서구의 인문, 사회, 과학적 방법론에 의존해왔다. 하지만 이제는 자신만의 신학 방법을 고안할 필요가 있다. 그리고 아프리카 신학자들이 받아들이기 힘들다고 보았던 아프리카의 용어를 동원하여 그런 작업을 해야 한다. '주술적', '정령숭배자', '다신적', '원시적', '덜 문명화된', '차원이 낮은' 등의 용어들은 서구 학자들이 아프리카의 종교 전통을 설명하고 해석할 때 사용한 용어와 범주들이다. 아프리카 신학이 그것을 그대로 받아들일 이유와 명분이 없다. 아프리카 신학은 서구 용어들을 거부한다.

초기 아프리카 신학을 전개했던 신학자들은 한결같이 서구 신학교에서 교육받고 돌아온 사람들이었다. 그들은 모두 '서구 신학교에서 공부할 때 교과목에 들어 있지 않아 배운 적이 없으나' 아프리카 전통 종교와 관련한 분야들을 연구하고 글을 쓰지 않을 수 없었다. 초기 아프리카 신학을 전개한 사람들에게 특기할 사항은 이것이다. 그들은 아프리카 원시 종교들에 대한 재해석을 시도했는데, '종교사학자의 입장이나 인류학자의 관점이 아닌 기독교 신학자의 입장'에서 그 작업을 했고 놀랄 만한 결론을 얻어냈다.

볼라지 이도유(Bolaji Idowu)는 요루바 종교에 대해 '유일신 종교' 혹은 '확장된 유일신 종교' 등의 용어로 설명했다. 그리고 음비티는 아프리카 원시 종교에 대한 1910년 에든버러 세계선교대회의 관점을 뒤집고 선교사가 도래하기 이전 아프리카의 종교적 경험은 '복음의 준비과정'이라고 주장했다.[10] 이들이 이러한 용어를 사용하여 아프리카 종교를 설명한 것은 그들 자신이 기독교 전통의 내부자로서 전통 종교 유산과 기독교 유산을 어떻게 연결시킬 수 있을까 고민한 데서 나온 결론이라고 이해해야 한다.

아프리카 신학자들의 신학 작업은 이래야 한다는 고정관념을 갖고 있던 사람들은 아프리카 신학에 대해 비판적 견해를 피력했다. 음비티가 「아프리카의 신 개념」 *Concepts of God in Africa*을 출판했을 때, 사람들은 그의 '일차적인 신학의 목적'을 반박하고 나섰다.

"아프리카의 과거와 유대의 기독교적인 전통을 섞어서 아프리카 신학의 기초를 만들려고 시도했다"고 비판했다. 「아프리카 종교에서의 기도」 *The Prayers of African Religion* (1975)가 출간되었을 때도 다른 이유로 반박했다. 일부 사람들은 '만족스럽지 못하다'는 비판을 했는데, 그 이유는 "그 책이 아프리카 종교 집단의 독자성을 부각하기보다는 '복음의 준비'라는 사실을 입증하려는 시도로 인해 아프리카 영성의 독특성을 희미하게 만들어 버렸다"는 것이다.

이러한 비판들로 인해 아프리카 신학자들의 공헌과 기여는 제대로 평가받지 못했다. 하지만 이들은 자신들의 종교 유산에 대한 기독교적인 이해를 제시하려 애썼고, 이것은 지극히 온당한 신학 작업이 아닐 수 없다. 내가 보기에 이들을 비판한 사람들은 그런 신학 작업을 하는 동기와 의도는 제대로 파악했는지 몰라도 자신들이 발견하고 확인한 사실을 인정하려고 하지 않는 것 같다. 하지만 아프리카 신학자들이 아프리카 신학을 모색하려는 근본적인 동기와 목적이 "아프리카 기독교인들의 총체적 종교의식을 형성하는 다양하고 잡다한 자료들을 엮어 하나의 일관성 있고 의미 있는 체계로 설명하려는" 것이라면 '일차적인 신학의 목적'은 타당하다고 평가되어야 한다. 이것이 아닌 외부의 잣대를 가지고 아프리카 신학의 타당성을 판정하려고 해서는 안 된다.

이처럼 아프리카 신학자들이 아프리카의 원시 종교를 탐구하는 동기는 인류학자들의 동기와 질적으로 다르다. 아프리카 신학은 신학하는 새로운 길과 방법을 개척하는 중이다. 이 길과 방법은 신학 역사에 유례가 없는 생소한 것이 아니다. 아프리카 신학의 용어들과 범주들은 아프리카 전통적인 종교 경험과 개념들뿐 아니라 기독교 전통에서도 가져온 것이기 때문이다. 다만 이러한 새로운 길과 방법은 기독교 왕국 개념이 살아 있던 서구 사회에서 전개되고 형성된 것과는 분명 차이가 있다. 아프리카에서 신학의 새로운 방법을 모색하는 핵심에는 결국 아프리카 기독교인의 정체성 문제가 들어 있기 때문이다. '정체성' 문제는 그 자체로 이미 신학적 범주로 여겨진다.

아프리카의 과거 종교 경험과 현재 종교 경험 사이를 어떻게 통전할 것인가, 혹은 어디까지 통전이 가능한가 하는 질문이 끊임없이 제기되고 있다. 결국 아프리카인이면서 동시에 기독교인으로 가지는 이중 정체성 문제를 풀려는 신학적 시도가 아프리카 신학의 중점 과제로 등장한 것이다. 이러한 정체성 문제는 아프리카의 '과거'와 '현재'가 통전하는 현장이 결국 신학자의 내면세계라는 사실을 가르쳐주었다. 이런 대화와 통합이 탁상공론이 아니라 정말 아프리카 교회의 고민을 대변하는 것이 되려면 그것은 신학자 내면세계에서 먼저 이루어져야 한다.

아프리카 신학자는 '바벨론 종교에 대해 검진하는 식'과는 거리가 먼 방식으로, '마치 다이너마이트를 다루는 것처럼' 자신의 과거와 자기 민족의 현재를 다루고 있다. 그렇기 때문에 신학적 관심사의 발전과 신학적 질문이 아주 밀접하게 연결되어 있다. 이것은 아프리카 기독교인의 자기이해 혹은 자기정체성을 확립하려는 과정에서 필연적으로 나타날 수밖에 없는 일종의 부산물이다. 아프리카 신학은 초기부터 아프리카 신학자와 아프리카의 오랜 종교, 그리고 아프리카의 영성 사이의 대화를 특징으로 한다는 아드리안 해스팅즈의 관찰은 적절한 것이다. 또한 "전통 기독교 교리 가운데 아프리카의 과거와 연결고리를 찾을 수 없는 것들은 사라지거나 배제되어질 것"이라는 그의 불만스런 지적에 대한 해답도 여기에 있다. 지금껏 아프리카 신학은 자기만의 방향 감각을 충실하게 따라 전개되었고, 또한 자기들의 질문에 대한 자기들 나름의 답변을 찾아온 것이다.

아프리카 신학의 개관

아프리카 신학자들 사이에 이와 같은 공통의 관심사가 있지만 동시에 다양성과 차이점도 발견된다. 다양성의 예를 들어보면 다음과 같다. 아프리카 원시 종교와 기독교 사이의 연속성 문제가 중요한 이슈로 다루어지고 있기는 하지만 연속성을 주장하는 근거나 용어에 있어서는 신학자들 사이에도 차이가 있다. 연속성을 과도하게 주장하는 대표적인 학자는 이도유다. 그는 아프리카 종교와 기독교의 연속성 및 하나님의 동일성을 주장했고, '교회의 과감한 토착화'를 강하게 주장했다.

그에 따르면, 아프리카 교회는 서구의 과도한 문화 지배의 영향으로 신학, 교회 생활, 예배 의식, 혹은 제자도 등을 자체적으로 개발하지 못하고 있다고 주장했다. 이도유는 아프리카 교회의 이러한 '병폐적인 의존'을 치유하기 위해 기독교 전래 이전 아프리카의 과거 종교 경험 속에서 아프리카인들에게 주어진 계시와 접목을 시도해야 한다고 보았다. 이것은 아프리카 종교 경험에서 '과거'와 '현재'를 연결하려는 것이다. 이도유의 주장은 기독교가 외국 종교라는 것을 근거로 하고 있으며 신흥종교라는 각도에서 기독교의 역할을 최소한으로 만들려는 의도가 엿보인다. 따라서 아프리카 기독교인의 경험은 아프리카의 '과거' 원시 종교의 경험이 좀 더 세련되어진 것이며 아프리카인의 자아의식을 확인하고 인정해주는 것에 지나지 않는다고 보았다. 처음에는 이것이 아프리카 교회의 과제라고 여겨졌다가 나중에는 '과거' 전통 종교에 대한 새로운 조명과 '하나님이 주신 토착 유산인 영적, 문화적 보물들'을 재발견하는 쪽으로 관점이 옮겨갔다.[11] 이도유로 대표되는 이런 신학적 입장은 그 뒤를 이어 가브리엘 세틸로우니(Gabriel Setiloane), 사무엘 키비초(Samuel Kibicho), 크리스천 가바(Christian Gaba) 및 그 밖의 다른 신학자들에 의해 주장되었다.

연속성에 대한 관심은 동일하지만 이보다는 덜 과격한 입장도 있다. 이것은 특히 불어를 사용하는 지역의 로마 가톨릭 신학자들에 의해 이루어졌다. 그중 대표적인 신학자는 자이레의 물라고이다. 킨샤사에 있는 '아프리카 연구 센터'에서 이루어진 그의 연구에 영향을 받은 일군의 학자들도 그런 입장을 채택했다. 물라고는 기독교 복음이 아프리카에 필요한 것임을 확고하게 믿으면서도 다음과 같은 주장을 했다. "아프리카의 과거와 기독교의 현재를 새롭게 통합하는 과정은, 조상의 전통에 충실하지 않거나 혹은 다른 민족의 문명이나 그들에게 계시된 종교에 분별력을 갖추고 접촉하지 않는다면 자리매김할 수 없을 것이다."[12] 이러한 입장은 언제나 아프리카 신학의 전개를 진퇴양난의 상황으로 몰고 갔다. 다른 말로 하면, 만일 기독교 복음이 아프리카 백성에게 뭔가 근본적으로 새로운 가르침을 가지고 온 것이 아니라면 아프리카 땅에서 신학 탐구를 전개할 이유나 가치가 없어진다는 것이다. 이도유의 신학 탐구가, 내가 보기에는, 바로 이런 진퇴양난을 보여주는 대표적인 경우다.

시계추의 또 다른 극단에는 과격하게 불연속성을 주장하는 학자들이 있다. 이런 입장은 비양 카토(Byang Kato)에 의해 대표되는데, 아프리카 복음주의 연합회에 속한 교회와 단체들이 그와 동일한 입장을 취하고 있다. 이들은 자신들의 영적 유산을 아프리카 선교를 감당한 서구의 보수적이며 복음주의적 단체인 '믿음 선교'(Faith Missions)에서 찾는다. 급진적 성서주의 입장인 카토는 기독교 복음에 대한 경험의 독특성을 지나치게 강조하여 아프리카 종교 전통을 전혀 긍정적으로 평가하지 않았다. 그는 오히려 그런 흐름이 성경 진리에 집중해야 할 아프리카 기독교인들의 마음을 분산시키는 행위로 간주했다.[13]

아프리카 신학의 모색에 있어 성경이 중심 위치를 차지해야 한다는 카토의 주장은 아프리카 기독교 사상의 발전에 아마도 가장 중요한 공헌으로 평가되어야 할 것이다. 하지만 다른 한편으로는, 신학의 틀을 마련하기 위해 아프리카의 '과거'와 '현재'를 통합하는 신학적 시도를 정면으로 거부했다는 평가를 받는다. 그의 신학적 입장이 아프리카 사회가 요구하는 창조적인 신학 담론을 형성하는 데 아무런 역할도 하지 못했다는 것이다. 오랜 시간이 지나지 않아 다른 복음주의 신학자들은 아프리카 신학 담론에 성경의 핵심적 위치를 견고히 주장하면서 동시에 복음과 아프리카 전통 사이의 만남을 긍정적인 차원에서 탐색하기 시작하였다.

아프리카 신학자들의 대다수는 사실상 이들 두 급진적인 입장의 중간 영역에서 신학 작업을 하고 있음을 주목해야 한다. 다른 말로 하면, 기독교 이전의 아프리카 종교 유산을 진지하게 다루어야 한다는 입장을 지지하면서 동시에 아프리카 기독교인의 종교 경험도 그 나름대로 하나의 현실로 인정한다는 관점이다. 이 입장에 따르면 종교적 신앙으로서의 기독교는 외래 종교로 간주되어서는 안 된다는 것이다. 오히려 아프리카 대륙의 모든 민족의 역사 속에 깊이 뿌리를 내려왔던 종교로 보아야 한다. 또한 아프리카 사람들은 그들의 언어와 용어로 기독교 진리를 이해할 수 있다. 이것은 기독교 신앙이 아프리카 사람들의 삶에 다양한 형태로 광범위하게 전파되고 있는 현상을 통해서도 확인된다. 즉 아프리카가 복음에 반응을 보인 모습 속에서 우리는 영원한 복음이 이미 아프리카 땅에 뿌리를 내렸으며 또한 예수님 안에서 아프리카의 '과거' 및 '현재'의 경험들이 효율적으로 통전을 이루었다고 보는 것이다.

이러한 입장은 앞으로 아프리카 기독교 사상이 지속적으로 발전할 수 있는 가장 바람직한 방향을 제시해준다. 여기에는 기독교 복음의 본질적인 내용에 손상을 주지 않으면서 아프리카 언어로 번역할 수 있다는 매우 중요한 전제가 놓여 있다. 아프리카 신학의 핵심 과제는 기독교의 토착화 혹은 신학의 토착화에 있는 것이 아니다. 오히려 기독교의 복음이 아프리카의 경험과 만나고 또한 그것을 통과하여 새롭게 이해되도록 하는 것이다.

이러한 신학 작업은 그 가능성에 대해 염려할 필요가 없다. 또한 서구적 기독교를 향해 변명할 필요도 없다. 왜냐하면 서구의 기독교 전통이 전 세계에서 보편적 규범으로 적용될 특권을 갖고 있는 것이 아니기 때문이다. 아프리카 신학의 궁극적인 목표는 세계 기독교 신학계에 아프리카 나름대로 기여할 방안을 찾는 것이다. 아프리카 신학의 기여는 기독교 이전의 전통 유산과 기독교 신앙에 대한 아프리카 성도들의 체험이 조우하는 현장에서 찾아질 것이다. 이러한 입장을 대변하는 신학자들로는 해리 소이어(Harry Sawyerr), 존 음비티(John Mbiti), 크웨시 딕슨(Kwesi Dickson) 등이 있다.

존 음비티, 아프리카 신학의 아버지

이런 배경에서 음비티의 신학 사상이 발전한 여정을 살펴보는 것은 특별한 의미가 있다. 이도유와 마찬가지로 음비티도 초기에는 서구 선교사들이 아프리카의 문화나 종교와 충분히 적극적으로 교섭하지 않는 것을 안타깝게 생각했다. 그는 그 결과로 아프리카 교회가 '복음적으로는 성년이 되었으나 신학적으로는 아직도 미성년'으로 남아 있고, '신학이 없고, 신학자가 없고 신학적 관심이 없는 교회'가 되었다고 지적했다.[14] 그러나 나중에는 현지화될 수밖에 없는 기독교와 복음 그 자체 사이를 구분하였다. '현지 사회와 복음이 교섭한 결과'로 언제나 토착화되고 문화와 연결되어 있는 기독교와 '하나님이 주신 영원하며 변함이 없는' 복음 사이에 차이를 둔 것이다.

> 우리는 복음에 아무것도 더할 수 없다. 왜냐하면 복음은 하나님의 영원한 선물이기 때문이다. 그러나 기독교는 끊임없이 새로운 여정을 찾아 방황하는 걸인이다. 따라서 그 길에서 만나는 문화로부터 옷과 거처, 음식과 음료를 제공받아야 한다.[15]

음비티는 이전에도 이와 유사한 생각을 피력했던 적이 있다.

> 우리는 '아프리카 신학'을 인위적으로 창조할 수 없다. 그것을 계획할 수도 없다. 아프리카 신학은 아프리카 교회가 극도로 복잡한 삶의 자리에서 반응을 보이며 기독교 신앙을 가르치고 체현하는 가운데 저절로 발전하여 만들어지는 것이어야 한다.[16]

그런데 음비티는 이전의 입장에서 급격한 선회를 하게 되는데, 아프리카에서 기독교의 토착화 혹은 신학의 토착화를 모색하려는 입장을 배격한다. 자신의 신학을 연구하던 존 킨니에게 보낸 글에서 그는 다음과 같이 말한다.

> 기독교의 토착화를 말하는 것은 마치 기독교는 이미 생산된 제품이고 새로운 현지에 다시 옮겨 심어야 한다는 인상을 준다. 물론 많은 선교사들이나 아프리카 현지 신학자들이 이런 전제를 가지고 있었다. 하지만 나는 더 이상 이런 견해를 받아들이지 않는다.[17]

따라서 음비티는 복음 그 자체가 아프리카 토양에 뿌리를 내릴 수 있다고 보았다. 복음은 아프리카인의 종교 경험을 배경으로 아프리카의 개념으로 아프리카인들에 의해 이해될 수 있다고 보았다. 그는 서구 선교사들이 복음을 전해주었을 때 아프리카 사람들이 실상은 자신의 종교적 경험을 여과하여 복음을 이해한 것이라는 사실에 주목했다. 이러한 관점에서 보자면 서구 선교사들의 역할은 아프리카의 종교 전통의 일부인 아프리카 종교사라는 맥락 안에서 의미를 갖게 된다. 음비티에 따르면 "하나님은 한 분이시기 때문에, 우리 주 예수님의 아버지이신 하나님은 아프리카 제 민족이 알았고 다양한 방식으로 경배해왔던 그 하나님과 동일하신 분이시다." 그래서 하나님은 "선교사들이 오기 전에도 아프리카 사람들에게 낯선 분이 아니었다"고 주장했다. 선교사들이 하나님을 모시고 온 것이 아니라 하나님이 선교사들을 아프리카로 오도록 만드셨다는 것이다. 하나님은 서구 선교사들을 통해 메시아이신 예수님을 전해주었는데, "예수님이 계시지 않으면 아프리카의 종교성이 온전한 것이 될 수 없기 때문"이라고 했다.

> 복음을 통해 사람들은 예수님의 이름을 부를 수 있게 되었다. …… 아프리카의 전통 종교성이 다시 빛나고 그 꺼져가는 불빛이 다시 찬란하게 빛나게 되려면 가장 중요하면서 또한 완전케 하는 요소인 예수님이 오셔야 했다.[18]

이러한 입장에서 음비티는 서구 선교사들이 전해준 복음이 '서구의 것이다' 내지 '이방 종교다' 하는 이미지를 바꾸는 작업을 했다. 그는 서구 선교사들의 긍정적 역할을 인정했지만, 선교사들이 복음 전파의 주역이라고 보지는 않았다. 왜냐하면 복음의 아프리카 전래는 하나님에 의해 시작된 일이며 시종일관 하나님에 의해 주도된 일이라고 보았기 때문이다. 복음과 아프리카의 만남은 서구적 개념들과 아프리카 전통 사이의 만남이 아니었다. 그 만남은 고유한 종교성을 가진 아프리카 백성과 예수님의 만남이었다. 이 예수님은 '역사적, 즉 연대기적으로 현존하시는 것이 아니라 자신이 창조하신 이 세상 모든 지역에 현존하시는 분'이었다.[19] 1980년대에 이르러 음비티는 아프리카 신학자들 가운데 가장 영향력 있는 신학자로 인정받았다. 그 후 아프리카 신학의 주류는 음비티가 설정한 방향에서 벗어나지 않고 전개되었다.

아프리카 신학의 성과와 과제

1980년대는 아프리카 신학의 전환기에 해당한다. 초창기 아프리카 신학을 주도했던 신학자들 대부분이 1980년대에 들어 저술 활동을 중단했다. 이도유와 그 밖의 몇 신학자들은 1970년대에 이미 저술 활동을 중단했다. 그리고 이들의 대를 이어 새로운 세대가 등장했다. 아프리카의 원시 종교와 기독교 사이의 관계에 대한 아프리카 신학계의 관심이 아주 사라진 것은 아니었지만, 그 분수령이 지났다는 징조들이 나타나기 시작했다. 아프리카 기독교에 대한 서구의 평가와 해석은 더 이상 비중을 갖지 않게 된 것이다. 서구 선교사들이나 서구의 관찰자들이 아프리카 기독교에 대해 무엇을 했느냐 혹은 무슨 말을 했느냐 하는 것은 더 이상 중요하지 않게 되었다. 그 대신 아프리카 기독교인들이 자신의 기독교 신앙과 헌신을 어떻게 이해하는가가 결정적인 요인으로 대두되었다.

차세대 아프리카 신학자들이 아프리카의 용어와 범주를 사용해 신학적 주제들을 거침없이 발전시켜 나가는 것을 볼 때, 아프리카의 전통 유산이 가지는 신학적 의미를 탐구한 일은 적절한 것으로 확인되었다. 이것은 특히 기독론의 전개와 관련해 두드러지게 나타났다. 초기 아프리카 신학자들은 기독론을 거의 다루지 않았다. 한 가지 흥미로운 현상은 기독론에 대한 관심이 '치유자로서의 그리스도', '입회 예식의 주인으로서의 그리스도', '조상으로서의 그리스도' 등과 같이 새로운 관심으로 전개되었다는 것이다. 이러한 개념들은 모두 아프리카 현실에 대한 이해 및 아프리카 원시종교의 틀 안에서 경험된 초월 세계에 대한 이해를 배경으로 하고 있다.

기독론 외에도 아프리카 신학에서 다루어진 주제들은 대략 다음과 같다. 아프리카 기독교 신학의 담론 및 방법론, 구원론, 회심 문제, 기독교의 확장과 분열의 역사, 역사신학 등이다. 동시대 아프리카 기독교가 전 세계 기독교의 흐름에서 어떤 의미를 가지는지도 다루었다. 이들 주제들을 살펴보면 이제는 20세기 후반에 아프리카가 기독교 신앙의 새로운 종주국들 가운데 하나가 되었다는 현실 인식이 점차 아프리카 신학자들의 글에 반영되고 있다.

서부 아프리카 기독교 역사에 대한 매우 독창적인 연구에서 싸네는 다음과 같은 결론을 내렸다.

> 기독교라는 종교가 아프리카 대륙 대부분의 지역에서 생명력을 가지고 자라고 있다는 것을 부인할 사람은 아무도 없다.…… 아프리카 기독교는 온 세상을 향한 사명을 부여받았고 그것은 인류 역사에서 미래를 향한 하나님의 백성의 행진에 앞장서는 것이다. 이것은 초대교회 시대에 이방 교회에 주어졌던 소명에 버금가는 의미를 가진다.[20]

아프리카 신학은 처음부터 나름대로 신학의 의제를 설정했고 독자적으로 신학하는 방식을 개발해왔다. 그리고 편협한 인종 우월주의에 기초하여 아프리카의 전통을 부정적으로 평가했던 과거 서구의 시각을 완전히 뒤집어놓았다. 아프리카 신학은 기독교 이전 시대의 종교 전통에 대해 독자적인 재해석을 했다는 점에서 큰 업적을 남겼다.

이제는 아프리카에서 창조적이며 건설적이고 또한 자아 성찰적인 신학 작업을 모색하는 일이 필요할 뿐만 아니라 가능한 일임도 입증해주었다. 자이르의 신학자 카 마나(Ka Mana)의 신학 저술에서 보이는 것과 같은 '재건 신학'이 좋은 예가 될 것이다.

아프리카 신학, 새로운 신학 언어를 찾아서

서구의 잘못된 관점에 반응하는 차원에서 아프리카 신학을 전개하던 시대는 이제 끝났다. 앞으로 남은 과제는 비판적으로 신학적 담론을 건설하는 일이다. 이것은 복음에 대한 아프리카 기독교인들의 확신과 자신감을 가지고 보다 적극적으로 아프리카인의 삶과 교섭하는 일이다. 여기서 아프리카의 신학 담론은 덜 학문적이지만 훨씬 더 근원적인 현실과 연결되어야 할 것이다. 아프리카 신학은 아프리카의 많은 기독교 공동체의 구성원들에게서 발견되는 구전 신학에 주목해야 한다. 음비티는 "오늘날 아프리카 기독교의 신학은 구전 신학과 아프리카 기독교인들의 살아 있는 현실에서 발견된다. …… 공개된 자리, 설교 강단, 시장 거리, 가정 등에서 사람들이 기도하고 성경을 읽고 토론하는 가운데 신학이 형성된다"[21]고 했다. 이것은 아드리안 해스팅즈가 오래전에 관찰했던 다음과 같은 내용을 뒷받침해준다.

> 아프리카 기독교의 진정한 모습과 뿌리는 현지 언어로 드리는 기도(대표기도 혹은 개인기도, 공식 석상에서의 기도 혹은 비공식 석상에서의 기도 등), 그리고 아프리카 기독교인의 영성에서 발견된다.[22]

이런 점에서 '무한한 번역 가능성'이라는 기독교의 본질적 모습이 근세 아프리카 기독교 역사에서 가장 극명하게 나타났다. 아랍어를 통해 알라의 가르침을 접해야 하는 이슬람과는 달리 우리는 각 사람의 난 곳 방언으로(행 2:11) 하나님의 말씀을 듣고 깨닫는다. 이러한 기독교의 특징은 선교사들이 복음을 전달하는 과정에서 서구가 복음을 독점할 수 없다는 사실을 각인시켜주었다. 서구 선교사들이 성경을 각 현지 언어로 번역해 주었을 때 현지인들은 서구 선교사들의 복음 이해나 복음 제시가 전부가 아니라는 사실을 인식했다. 아프리카 기독교인들은 자기들의 언어로 복음을 읽고 이해했으며, 하나님이 자기네 언어로 말씀하시는 음성을 들었다.

이러한 깨달음은 매우 중요한 의미를 갖는다. 싸네가 탁월하게 설명한 것처럼, 선교 사역의 우선순위를 성경 번역에 두고 아프리카 언어로 성경을 번역한 일은 결국 "하나님은 아프리카 언어로 대화를 못하실 정도로 아프리카 사람들을 경멸하는 분이 아니다"라는 사실을 확인해주었다. 이것은 "아프리카 문화도 영속적인 비중이 있는 것임을 알게 해주었고, 아프리카 언어도 초월 세계를 담지할 수 있음도 알게 해주었다."[23] 또한 "성경의 하나님은 선교사들보다 앞서서 복음을 받을 자들의 문화에 들어와 계셨다"[24]는 전제를 가능케 했다. 성경 번역을 통해 하나님, 메시아 예수님, 창조, 역사 등과 같은 기독교 신학의 핵심 개념들이 현지의 용어와 개념으로 설명되었다. 복음을 이해할 적절한 개념이 기독교 이전에 존재했다는 전제가 있었던 것이다. 이러한 작업은 성경을 번역한 선교사들이 상상도 할 수 없는 차원에서 아프리카 기독교인들의 심성 속에 반향을 일으켰다.

이러한 현지 용어와 개념을 통해 예수님은 아프리카의 종교 세계로 진입할 수 있었다. 아프리카에서 예수님은 '어려울 때 도움과 인도를 구하기 위해 영적 세계를 찾는' 사람들의 믿음을 통해 새롭게 발견되었다. 이러한 과정은 사도행전 14장 15-18절에서 있었던 일과 동일하다. 성경 번역은 아프리카의 기독교 이전의 종교 문화가 중요한 것임을 새삼 일깨우는 계기가 되었다. 아프리카의 종교 문화는 하나님의 계시를 담을 수 있을 뿐만 아니라 복음 이해의 통로 역할을 할 수 있음도 알게 되었다.

어쩌면 서구 선교가 남긴 가장 중요한 업적은 아마도 성경 번역이 아닐까 싶다. 성경 번역을 통해 복음이 아프리카인의 의식 세계에 뿌리내리는 일이 가능하게 되었다. 또한 기독교 복음과 아프리카 전통 사이의 직접적인 대화도 가능케 되었다. 이 대화는 외국 언어 혹은 낯선 문화를 매개로 해서가 아니라 아프리카 현지 언어와 용어, 숙어 및 세계관을 통해 이루어졌다.

이 시점에서 우리는 다음과 같은 질문을 던질 수 있다. 복음의 번역 가능성이 그렇게 의미 있고 중요한 것이라면 아프리카 신학은 왜 철두철미하게 아프리카의 현지 언어로 전개되지 않았는가 하는 질문이다. 존 포비는 자신의 책 「아프리카 신학의 모색」 *Towards an African Theology* (1979)에서 이 질문에 답변하고 있다. 그는 영어로 저술했지만 아칸(Akan) 부족의 지혜와 경구들을 많이 인용하고 있다.

> 이상적인 것은 아프리카 신학이 현지어로 전개되는 것이다. 언어란 구문론이나 형태론 이상의 것이다. 언어는 문화의 무게를 지탱하는 통로요 수단이다. 따라서 영어로 아프리카 신학을 수립하려는 것은 차선책에 불과하다. 영어로 글을 쓰는 것이 편하고 많은 독자층을 확보할 수 있다 할지라도 그렇다.[25]

카메룬 신학자인 엥겔버트 음벵도 같은 질문에 대해 나름대로 답변을 시도했다. 그는 다소 논쟁적으로 다음과 같이 적고 있다.

> 아프리카 신학이 현지어로 쓰이지 않았다는 사실에 대해 거부 반응을 보이는 경우가 있다. 하지만 아프리카 신학은 아프리카 신학자들, 아프리카의 유산을 받은 사람들이 외국어로 표현하기 이전에 이미 아프리카 언어로, 아프리카 마을에서 그리고 아프리카의 공동체 안에서 삶으로 체험한 것들이다.[26]

음벵의 말은 우리에게 유용한 관점을 제공한다. 복음이 현지어를 매개로 이미 아프리카 사람들에게 이해되었다는 점이다. 비록 거의 모든 아프리카 신학이 외국어로 쓰였지만, 어쨌든 20세기에 아프리카 신학이 등장할 수 있었던 것은, 아프리카 기독교의 기저에 아프리카 기독교인들의 체험이 있었기에 가능했다. 아프리카 기독교인들은 복음을 이해했고 예수님을 깊이 이해하고 믿었다. 아프리카 기독교인들의 예수님 이해는 그 자체로 신학이었다. 활자화된 신학을 활발하게 전개할 수 있었던 요인도 삶의 현장에서 복음 이해와 실천의 수고를 했기에 가능했다. 이런 의미에서 아프리카 현지어로 번역된 성경은 '아프리카 신학의 탄생'에 가장 요긴한 재료였다. 이제 아프리카 신학은 아프리카 언어로 신학 작업을 하고 아프리카의 신학 담론을 세워야 하는 과제를 안고 있다. 성경 번역뿐 아니라 기독교 복음이 아프리카의 삶에 충격을 주고 깊은 영향을 지속적으로 미치려면 아프리카 언어로 신학 작업을 하는 일이 필요하다. 이러한 문제의식이 앞으로 아프리카 신학의 전개 방향을 결정할 것이다.

아프리카 신학의 적실성

앞에서도 말했지만, 아프리카 신학은 기존의 종교 전통에 대한 서구의 관점에 문제가 있다는 것을 자각한 데서 시작되었다. 그렇다면 아프리카의 기독교 신학 역시 서구 신학이 다른 지역 다른 문화권에서 그랬던 것처럼 문제가 될 수 있지 않겠는가 하는 질문을 제기할 수 있다. 아프리카 신학의 적실성 문제다. 이러한 질문은 서구 신학에서도 여전히 관심을 두고 논의하는 질문 가운데 하나다. 앞서 언급한 대로, 1910년 에든버러 세계 선교대회는 아프리카의 원시 종교를 '기독교를 위한 예비'로 여기지 않았다. "유럽의 기독교인들을 포함한 모든 나라, 모든 민족의 대다수 기독교인의 신앙 기저에는 전통 종교의 요소들이 있다"는 사실을 인식하고 인정한 것이 20세기에 이르러서야 비로소 가능했기 때문이다.

폴 보하난은 "아프리카 문화는 그 특징이나 역사 및 사회 조직 등에 있어 유럽 문화와 유사하다. 아시아 문화와 유럽 문화 사이의 유사성은 그보다 멀고, 북미 인디언 문화와 유럽 문화 사이의 유사성은 훨씬 더 멀다"[27]는 관찰을 한 적이 있다. 중요한 점은 아프리카와 마찬가지로 유럽도 원시 종교의 유산을 갖고 있었다는 사실이다. 다만 아프리카에서는 기독교 역사의 흐름과 관련하여 원시 종교의 중요성을 있는 그대로 인정하고 탐구한 반면, 유럽의 경우는 원시 종교 전통이 기독교 신앙으로 대치되어야 한다는 강력한 선교적 입장으로 말미암아 그 유산들이 거의 말살되어 버렸다는 것이다. 따라서 유럽에서는 토착 언어를 사용하여 신학 개념을 이해한다거나 전통 세계관을 기독교 복음 이해에 활용하는 것에 대해 아무런 관심이 없다. 결국 서구 사회 전체가 과거 종교에 대한 기억을 상실하게 되었고, 이것은 결코 회복할 수 없을 것으로 보인다. 유럽의 원시 종교들은 빠른 속도로 사장되어 버렸다.

하지만 기독교 이전의 제 신(神)이 각 요일의 이름으로 사용되고 또한 기독교 기념일에 전통 요소들이 여전히 영향을 미치고 있음을 본다. 이러한 사실은 과거의 민간신앙이 유럽 사람들의 심성에서 완전히 지워지지 않았음을 보여준다. 아프리카의 신학 작업은 유럽 사회가 잃어버린 기회를 우리는 되풀이하지 말자는 것이다. 기독교와 원시 종교 사이에 진지하고도 창조적인 만남을 주선하여 보자는 것이다. 앞서 말한 것처럼, 아프리카 신학의 형성기에 등장한 주된 관심사는 아프리카 원시 종교 유산에 대한 재해석이었다. 이것은 앞으로 기독교와 아프리카 원시 종교 사이의 만남이 가능하다는 신호탄처럼 보인다. 지금까지 그러한 작업을 해온 아프리카 신학은 잃은 것보다 얻은 것이 더 많다고 할 수 있다.

기독교 복음과 아프리카의 삶의 자리에서 체험되는 아프리카의 전통 영성 사이에서 신학 작업을 해야 했던 아프리카 신학자들은 자신들의 내면세계에서 두 전통 간의 대화를 가져야 했다. 그 과정을 통해 비기독교 세계와 맞부딪히는 삶의 현장에서 지적인 활동을 하는 것이 신학의 본질이라는 점을 새삼 발견하게 되었다. 따라서 아프리카 신학은 원천적으로 복음 전달을 위한 것이고, 복음적이고 선교적인 특징을 보이게 되었다. 화란의 신학자 요한네스 베르까일은 이러한 아프리카 신학의 특징을 잘 간파하였다.

아프리카 신학은 신학이 일반적으로 하는 모든 작업을 한다. 그러나 아프리카 신학에서는(아시아 신학과 마찬가지로) 선교적 역할 혹은 복음 전달의 역할까지 감당하고 있다. 아프리카 신학은 교회 안에서만 전개되는 신학이 아니다. 아프리카 신학을 모색하는 사람들은 모두 한 가지 중요한 질문을 안고 있다. 그 질문은 이것이다. 복음이 아프리카 사람들의 심성 가장 깊은 곳에 닿을 수 있도록 신학이 도울 수 있는 최선의 방안은 무엇일까?[28]

아프리카 신학의 전개에 있어 가장 중요한 측면이 아프리카 기독교인의 의식 속에 기독교 이전 종교에 대한 기억의 공간을 마련해주는 것이라는 주장이다. "종교는 아프리카 사람들의 삶의 총체를 말해주기 때문이다."[29] 딕슨에 따르면,

> 종교사를 통해 배우는 종교의 구조를 알지 못하는 신학자는 자기 신학에서 종교가 분실된 것을 깨닫지 못한다. 아프리카의 삶의 자리에서 전개되는 기독교 신학은 아프리카의 독특한 기여, 즉 원시 종교에 대한 경험을 반드시 고려해야 한다.[30]

아프리카 신학이 어느 정도의 성과를 내느냐는 앞으로 서구 신학에도 도움이 될 것이다. 왜냐하면 서구 신학도 기독교 복음과 서구 문화 사이의 만남을 어떻게 선교 차원에서 주선할 수 있는가 하는 질문을 심각하게 제기하고 있기 때문이다.[31] 아프리카 신학이

전통 종교 유산을 신학 담론의 중심부에 끌고 들어온 것처럼 서구 신학도 복음 전달을 위한 신학, 복음적이며 선교적인 신학이 되어야 할 것이다. 서구 신학은 유럽의 원시 종교 유산을 헛된 것이요, 어둠에 영원히 감금해두어야 할 것으로 무시하지 말아야 한다.

현대 서구 사회를 이해하는 데 유럽의 원시 종교와 기독교의 만남은 어쩌면 우리가 상상하는 것 이상으로 중요한 단초를 제공할 수 있다. 원시 종교에 대한 새로운 조명과 이 만남을 통해 형성된 초대 기독교의 모습에 대한 검토는 분명 서구 사회에 기독교의 정체성을 새로운 각도에서 이해할 수 있게 해줄 것이다. 또한 오늘에 적합한 기독교 신학을 조타해 가는데 새로운 가능성을 열어줄 것이다. 원시적 세계관은 계몽주의 이후의 서구 사회에서조차 전혀 낯선 것이 아니라는 사실도 새삼 깨닫게 될 것이다.

계몽주의의 제반 영향을 거부하고 등장한 포스트모더니즘은 이런 원시적 세계관의 특징을 모두 갖추고 있다. 신학에서 포스트모더니즘은 신비적인 현상에 대한 관심과 다양한 형태의 영적 경험과 일치감을 추구하는 것으로 표현된다. 이런 영적 체험과 일치감은 하나님과 상관이 없는 영역에서 이루어지기도 한다. 이는 그동안 억제되었던 원초적 세계관이 새롭게 올라오고 있다는 증거가 된다. 이것은 앞으로도 더욱 가속될 전망이다. 아프리카 기독교는 원초적인 전통 종교의 영적 세계를 기독교 안으로 끌고 들어왔고, 이것이 기독교인의 의식 속에서 회통할 수 있음을 보여주었다. 그리고 기독교 복음과 원시 종교라는 두 세계관 사이의 신학적 만남을 가능케 하였다. 이는 우리의 정체성을 계몽주의적 기준과 틀에서 벗어나 새롭게 정의할 수 있음을 보여준다.

유럽이나 아프리카, 그 밖에 다른 지역의 원시 종교는 지금까지 기독교의 역사와 긴밀한 연관을 맺어왔다. 그리고 이 관계는 앞으로 전개될 기독교의 미래, 특히 기독교 신학의 미래를 가늠할 수 있게 한다.[32] 만일 이러한 기대가 사실로 드러난다면, 아프리카 신학은 매우 중요한 기여를 하는 셈이다. 아프리카 신학에서 고민하고 씨름했던 문제들이 전혀 낯선 것들이 아니기 때문이다. 기독교 역사상 모든 시대 모든 지역에서 그동안 전개된 모든 기독교 신학은 항상 이 질문과 씨름해왔다.

9장
한국 신학, 어떻게 할 것인가

이문장

    한국 교회는 2천 년 서구 기독교 역사와 비교해볼 때 매우 짧은 역사를 가지고 있다. 그러나 그 짧은 시간 속에서도 다양한 경험을 축적해왔다. 박해와 순교가 있었고, 거국적인 회개 운동을 경험했으며, 식민지 시대에는 민족의 소망을 밝히는 역할을 감당하기도 했다. 해방 이후에는 교회가 급속하게 성장하는 경험을 했고, 오늘날에는 성장이 정체되는 현상 또한 목격되고 있다. 지금까지 한국 교회의 역사는 앞을 향한 숨 가쁜 질주와 같았다. 교회가 빠르게 성장하는 동안에는 반성할 겨를도 없고 또한 눈앞에 급한 문제들이 있었기에 그냥 지나치는 것들도 많았다. 그러나 그 성장이 멈춘 지금, 우리는 자연스럽게 과거를 되돌아보며 한국 교회의 방향을 차분하게 재점검해야 할 시점에 도달했다. 지금은 서구 교회로부터 전해받은 신학적, 신앙적 유산들에 대해 진지한 반성이 요구될 때다.

또한 한국 교회 내부에서 나타나는 다양한 현상들에 대한 성경적 점검과 정비가 절실하게 필요하다. 이 글은 한국에서 기독교의 가르침을 연구하고 배우며 가르치는 활동, 즉 신학에 문제는 없는지 점검하고자 하는 것이다. 1960년대 이후 일부 신학자들은 '한국 신학'의 기치를 내걸고 신학 작업을 전개해왔다. 그러나 이러한 논의의 대의명분에 귀를 기울이고 동참하는 신학자의 수는 여전히 적다. 대부분 신학자는 '한국 신학'이라는 이름으로 신학 활동을 전개하는 데에 매우 미온적인 태도를 보이며, 일부는 이를 의심스러워하기까지 한다. 한국 교회가 그동안의 성장과 경험에 걸맞은 독자적인 신학을 전개하고, 형성하여 세계 신학계에 기여하는 것은 가능한 일일 뿐 아니라 시대적으로도 매우 중요한 과제다. 그럼에도 불구하고 한국 신학자들에 대해 오히려 부정적이거나 미온적인 반응을 보이는 이유는 무엇일까?

그것은 아마도 '한국 신학'이 무엇을 의미하는지 분명한 이해가 형성되지 않아서일 것이다. 여기에는 다음의 두 가지 요인이 크게 작용한 것으로 보인다. 첫째로, '한국 신학'은 '자유주의 신학'이라는 등식이 은연중 형성되어 있다. 종래의 한국 신학이 한국 교회에 보탬이 되지 않는 신학으로 이해되고 있다는 말이다. 그동안 한국 신학이라는 이름으로 전개된 신학들이 대다수 한국 신학자의 공감과 동의를 얻지 못했다는 것이다. 둘째는, 한국 신학을 말하는 것이 마치 우리가 서구로부터 배우고 가르쳐왔던 종래의 신학을 폐기처분하자는 주장으로 오해되는 것이다. 한국 신학은 한국 교회가 세계 신학계에 기여할 수 있는 영역을 찾자는 것이지, 이제까지 배웠던 모든 신학을 부정하고 버리고 새로운 것으로 대신하자는 것이 결코 아니다. 따라서 한국 신학의 모색은 다음의 세 가지 사항을 염두에 두어야 한다.

첫째, 기존에 배우고 가르쳐왔던 신학이 어떤 측면에서 결함이 있는지 분명하게 확인해야 한다. 둘째, 서구 신학과 한국 신학 사이의 연속성과 불연속성을 구분해 설명할 필요가 있다. 셋째, 한국 신학이 명실공히 한국의 신학이 되기 위해서는 한국의 대다수 신학자가 동의할 수 있고 받아들일 수 있는 신학 방향과 방법론을 만들어내야 한다. 우리가 상식적으로 알고 있듯이 한국의 거의 모든 신학교에서 가르치고 있는 것은 이른바 서구 신학이다. 통칭하여 서구 신학이라고 말하는 것은 '서구로부터 배운 신학'이라는 뜻이다. 한국 신학을 말하기에 앞서 우리가 서구로부터 배웠고 가르쳐온 신학에 어떤 결함이 있는지 그 평가가 선행되어야 한다. 한국에서 가르치는 신학에 문제가 없다면 구태여 한국 신학이라는 새로운 담론을 모색할 필요가 없기 때문이다. 따라서 우리는 한국 신학이 필요한 근거를 확보하는 것에 일차적인 주의를 기울여야 한다.

한국 신학이 필요한 이유

한국 신학이 필요한 이유를 서구 신학의 적합성 혹은 현장성 결여에서 찾는 경우가 있다. 서구 신학에 대한 비판은 복음주의 진영과 자유주의 진영 모두 공통으로 지적하고 있는데, 크게 세 가지로 정리된다. 첫째, 서구 신학은 서구의 질문에 대한 서구의 답변이기 때문에 질문의 맥락이 다른 한국 정서에는 적합하지 않다는 주장이다. 서구 신학은 서구의 상황에 적합한 신학인 만큼, 한국 역시 한국적 상황에 적합한 신학을 형성해야 한다는 입장이다. 둘째, 서구 신학은 현실과 분리된 채 상아탑 속에서 연구되는 학문이기 때문에 현장성이 없고, 따라서 이를 그대로 답습할 필요가 없다는 지적이다. 셋째, 이것은 두 번째 비판과도 연결되는데, 서구 신학이 지나치게 사변적이고 이성적인 논리에 치우쳐 있어서 초월적이고 영적인 세계를 규명하기에는 내재적인 한계를 지니고 있다는 입장이다.

이러한 비판들은 일정 부분 타당성을 가지면서도, 한국 신학을 요청하는 필요충분 조건은 되지 않는다. 왜냐하면 서구 신학이 서구의 질문에 대한 답변을 제공하는 신학이라면 우리는 서구 신학자들이 그들의 질문에 대한 답을 어떻게 찾아왔는지를 배울 수 있어야 한다. 또한 서구 신학이 상아탑 속의 학문이라는 비판도 부분적으로만 타당하다. 그 이유는, 서구 신학의 여러 영역에서 현장의 실제적이고 실천적인 문제에 대한 답을 분주하게 모색하고 있기 때문이다. 서구에는 상아탑 속의 신학도 있지만 그렇지 않은 신학도 존재한다.

세 번째 비판도 마찬가지로 부분적으로만 타당할 뿐이다. 서구 신학이 사변적이고 논증 가능한 영역에 신학을 가두려 한다고 하지만, 사실 복음주의 신학을 포함해 그렇지 않은 신학도 얼마든지 있다. 서구에는 하나님을 향한 신앙을 전제로 전개되는 신학과 신학자도 상당히 많이 있음을 인정해야 한다. 물론 탁월한 영적 지도자들이 있음도 주목해야 한다. 그렇다고 한다면, 우리는 서구 신학으로부터 전수된 신학을 배우고 가르치는 것으로 충분한 것인가?

한국 신학이 필요한 첫 번째 이유는 한국의 삶의 현장과 목회 현장에서 제기되는 문제 때문이다. 신학이 학문으로서 연구되고 학자들 사이의 담론으로 그치는 것이라면 구태여 삶의 현장이나 목회 현장에서 올라오는 문제 제기에 신경을 쓸 이유가 없을 것이다. 그러나 기독교의 가르침을 현장의 사람들에게 전달하려고 할 때는, 신학의 이름으로 배운 내용이 얼마나 적실성과 효용성을 갖추고 있는지 금방 판가름이 날 수밖에 없다.

기독교 복음의 실질적 전달자인 목회자가 현장에서 기독교의 가르침을 전달할 때, 신학교에서 배운 내용이 그다지 도움이 되지 않는다는 소리를 듣게 된다. 우리의 상식적인 기대와 이해에 따르면, 목회자들은 신학교에서 신학을 전문으로 연구한 선생들로부터 기독교의 도(道)를 전수받아 배우고, 깨우치고, 그리고 현장으로 보냄을 받은 사람들이다. 따라서 이들은 기독교의 도를 깨우쳤을 것이고, 하나님에 대해 남들보다 깊은 체험과 이해를 가지고 있을 것이며, 그 때문에 전달자로 나섰을 것이다. 그런데 기독교 가르침의 전달자이며 기독교의 중요한 담지자인 목회자들이 현장에서 만나게 되는 필요와 신학교에서 받은 교육 사이에 커다란 괴리를 발견한다면 이것은 그냥 가볍게 지나칠 수 없는 심각한 문제다.

목회자들은 그들의 입장에서 신학자들이 현장을 잘 모르기 때문에 그들이 가르치는 신학이 실제적이지 못하고 무슨 소리인지 알아듣기 힘들다고 불평할 수 있다. 이에 대해 신학 교육을 담당하는 신학자들은 신학교는 물고기를 잡는 도구를 마련해주는 곳이지 잘 요리된 생선을 제공하는 곳이 아니라고 말할 수 있다. 그런데 문제는 신학교가 물고기를 잡을 수 있는 도구를 갖추도록 하는 일을 효율적으로 감당하는가 하는 것이다. 우리가 현장의 목소리를 허튼소리로 간주하고 크게 염려할 것 없다는 태도를 가지거나, 신학이 뭔지 잘 모르는 사람들의 푸념 정도로 가벼이 여긴다면 한국 교회의 중요한 자산을 사장시키는 결과가 초래될 것이다.

한국 신학의 원동력은 현장의 목소리다. 현장의 목소리는 현재 한국의 신학교가 기독교의 가르침을 제대로 가르치고 있는지 알 수 있는 시금석이다. 현장의 목소리에 불만이 실려 있음은 한국의 신학교에 문제가 있음을 반증한다. 신학교에서 기독교의 가르침을 습득하고 터득하는 방식에 문제가 있지 않고서야 그러한 괴리 현상이 나타날 이유가 없다. 이렇게 한국에서 신학을 가르치고 배우는 내용과 방식에 문제가 있음을 발견한 것이 한국 신학을 모색하도록 만드는 첫 번째 이유다.

한국 신학이 필요한 두 번째 이유는, 기독교 복음에 대한 한국 신학자의 이해를 제시해야 하기 때문이다. 앞에서도 언급하였지만, 한국의 신학자와 기독교인은 서구 신학을 열심히 배우고 익혔다. 그런데 서구 신학이라는 것이 결국에는 기독교의 복음에 대한 서구 사람들의 이해인 것이다. 서구 신학자들은 기독교의 가르침에 대해 과거에 어떻게 이해했고 또 현재 어떻게 이해하고 있는지 한국 신학자들은 그야말로 열심히 배우고 가르쳐왔다. 그런데 이제는 서구 사람들의 이해를 배우고 가르치는 차원을 넘어서, 한국인의 입장에서 직접 복음과 만나고 기독교 복음에 대한 한국인의 이해를 정립하는 일이 요구된다. 이것은 오히려 서구 신학계가 한국 신학계를 향한 기대이고, 그런 방향으로 신학계의 흐름이 바뀌고 있다. 서구 신학계는 복음 및 기독교의 다양한 개념이나 주제에 대해 한국 기독교인과 신학자는 어떻게 이해하고 있는지 듣고 싶어 한다.

한국의 신학도들이 서구의 신학을 섭렵하는 과정에서 공통으로 느끼는 현상은, 서구 신학의 내용이 어딘지 한국인의 정서나 문제의식과 거리감이 있다는 점이다. 이것을 좀 더 쉽게 말하면, 한국 신학도의 입장에서 특별히 관심이 가는 주제나 개념이 서구 신학자들에게는 그다지 중요하게 다루어지지 않는다는 것이다. 반대로 서구 신학자들이 중요하게 다루는 주제에 대해 한국 신학도들은 그다지 중요하게 여기지 않는다. 학위를 취득해야 하기에, 학위 과정에서 요구하는 바를 충실하게 이수하기는 하지만, 그러면서도 실제적인 관심은 다소 다른 곳에 있음을 경험하는 경우가 종종 있다. 서구 신학의 틀로 주조되는 것에 무언의 거부 반응이 올라오지만, 그것이 왜 그러한지 구체적인 언어로 꼭 짚어 설명하기가 쉽지 않을 뿐이다.

한국의 신학도라면 어느 단계에서든 '신학을 꼭 이런 방식으로 해야 하는가?'라는 의문을 한번쯤 품어 보았을 것이다. 여기서 내가 제기하는 질문은 무엇이 그들로 하여금 서구 신학에 대해 불편함을 느끼게 하는가 하는 점이다. 해답은 의외로 단순하다. 한국의 신학도들이 한국인이기 때문이다. 이는 서구 신학 자체에 결함이 있어서가 아니라, 서구인의 기독교 이해를 학습하는 과정에서 한국인으로서 자연스럽게 다른 관점과 다른 관심을 가지게 되기 때문이다.

이러한 차이로 인해 서구 신학에 거리감을 느끼는 것은 필연적이다. 현장 목회자들이 자신이 배운 신학과 현장 사이에서 거리감을 느끼는 현상에 대해 특별한 주의를 기울여야 하는 것처럼, 한국 신학도들이 서구 신학을 배우는 과정에서 느끼는 이와 같은 거리감이 왜 생기는지도 세심하게 살펴야 한다. 이런 거리감이 곧 한국 신학이 필요한 공간이자 여백이다. 서구 사람들의 기독교 이해를 배우는 것도 필요한 과정이지만, 이제는 복음에 대한 한국 신학도의 이해, 기독교의 다양한 개념과 주제에 대한 한국 신학도의 이해를 신학 언어로 정리해야 한다. 한국인이기 때문에 할 수 있는 말들, 한국인이기 때문에 달리 파악되고 달리 이해되는 내용을 한국 신학의 이름으로 과감하게 신학화하는 작업을 해야 한다. 이것이 세계 신학계에 기여하는 길이기도 하다.

한국 신학이 필요한 또 다른 이유는, 복음에 대한 신학자 및 목회자의 이해가 한국의 성도들에게 전달될 때 불가피하게 한국적인 이해가 형성되기 때문이다. 이 부분은 한국 신학의 이름으로 신학 작업을 전개했던 윤성범이나 유동식 등이 이미 간파했던 측면이다. 물론 그러한 파악을 가능하게 만들어준 것이 다름 아닌 서구의 신학 담론이었지만, 어쨌든 그들은 서구의 통찰을 바탕에 깔면서도 나름대로 한국적 내용을 담아내려고 시도했다. 윤성범은 씨앗과 토양의 비유를 들어 복음이라는 씨앗이 한국이라는 토양에 뿌려지면 자연스럽게 한국적 기독교가 형성될 것이라고 보았다. 그는 기복적이고 무속적인 기독교의 모습이 그 대표적인 예라고 주장했다. 또한, "선교사들에 의해 특정한 방식으로 이해된 복음이 한국에 전달되지만 그것이 전달되는 과정에서 이를 받아들이는 한국인의 문화적 상황과 의식 구조에 따라 재해석되기 때문에 한국적인 이해가 형성되는 것"이라고 하였다. 이와 같은 현상 진단이 사실상 정확하기는 하다.

서구 신학계에서는 이미 오래전에 해석학과 선교 신학 분야에서 이해의 문제를 놓고 동일한 결론을 냈다. 이 글에서 자세히 다룰 수는 없지만 간략하게나마 요약을 하자면, 해석학 담론에서는 해석자의 문화적, 역사적 상황을 초월한 이해란 가능하지 않으며, 해석자가 누구인가에 따라 이해가 달라진다고 파악했다. 이해는 본문의 지평과 해석자의 지평이 융합될 때 가능하다. 이는 이미 잘 알려진 서구 해석학 담론의 결론이다. 선교 신학의 담론에서는 선교사가 이해하고 전달한 복음이 피선교지 사람들의 문화와 종교 배경으로 인해 달리 이해되는 현상을 주목하였다. 그러한 경험을 토대로 신학은 문화 인류학이나 타문화 전달 등의 분야에 많은 관심을 기울여왔다.

이러한 서구 신학계의 흐름과 접목되어, 윤성범은 한국인에 의한 복음 이해는 한국의 종교, 문화, 역사의 배경에서 한국인이라는 지평과 복음의 지평이 만남으로 자연스럽게 형성되는 것이라고 하였다. 그는 그렇게 자연적으로 이루어지는 이해를 '나쁜 토착화'로 분류하고, '좋은 토착화'를 위해 한국 신학이 필요하다고 주장했다. 유동식의 관찰도 동일하다. 복음과 한국인이 만나게 될 때 한국적 이해가 형성되는 것은 피할 수 없는 현상이라는 것이다. 이러한 이론적 발판을 토대로 윤성범은 '성(誠)의 신학'을, 유동식은 '풍류(風流) 신학'을 한국 신학으로 제시했다. 그런데 이들 신학자들이 미처 생각하지 못한 측면이 있다. 자신들의 관찰이 자신들이 전개한 신학의 정당성을 무너뜨리고 있다는 사실이다.

윤성범이나 유동식이 공히 지적하고 있듯이, 복음과 한국인이 만날 때 한국적 이해가 형성될 수밖에 없다면, '성'이니 '풍류'니 하는 개념을 기독교적으로 설명할 것이 아니라, 현장에서 형성된다고 자신들이 주장한 한국적 이해의 실체를 밝혀주는 작업이 있어야 했다. 현장에서 확인되는 복음에 대한 한국적 이해가 '성의 신학'이나 '풍류 신학'과 동떨어진 것이라면 두말할 필요도 없지만, '성' 혹은 '풍류' 신학이 한국 신학이 되어야 한다고 주장한다면 더욱 어불성설이 될 것이다. 그것은 자신들이 있다고 주장한 한국적 이해의 실체 때문이다.

이것은 우리에게 매우 중요한 점을 시사해준다. 그것은 그동안 한국 신학자들에 의해 논의되어 온 토착화 신학, 상황화 신학, 문화 신학 혹은 종교 신학 등이 실체가 불분명한 신학이라는 것이다. 왜냐하면 윤성범과 유동식이 지적한 대로, 복음이 한국인에게 전달될 때 이미 토착화 또는 상황화는 되었기 때문이다. 한국적 이해가 자연스럽게 형성된다고 하면서, 토착화와 상황화를 해야 한다고 주장하는 것은 논리적으로 성립되지 않는다. 이러한 신학적 모순 구조는 보다 최근에 한국 신학을 모색하려는 학자들의 경우에도 발견된다. 한국 신학을 전개하기 위한 방법론에 대한 모색은 차치하고서라도, 불교나 유교 등 전통 종교의 특정 개념을 빌려서 기독교의 신관이나 기독론을 수정하려는 시도들이 있는데(특히 이정배의 경우), 그러한 논의는 한국 신학을 모색하기 위한 방향을 잡는 데 오히려 혼선을 초래할 뿐이다.

한국 신학의 방향을 잡기 위해 고심하는 신학자들은 아직 한국 교회 일반 성도들의 차원에서(이미 토착화되고 상황화된) 자리 잡고 있는 한국적 복음 이해의 실체가 규명된 적이 없다는 사실에 주목해야 한다. 토착화 또는 상황화를 해야 한다는 주장이 등장하기 이미 오래전에 복음은 성도들 차원에서 토착화되고 상황화되었다는 말이다. 이것을 한국식으로 표현하자면, 이미 성도들은 그들에게 전해진 복음에 대해 각자 알아서 이해하고, 알아서 은혜받고 있었다.

한국 신학자들이 간과한 것은 성도들이 각자 알아서 이해하고 알아서 은혜받고 있는 내용이 무엇인지 들여다본 적이 없고, 그것을 신학 탐구의 대상으로 삼은 적이 없었다는 것이다. 단지 임상적으로 한국 교회 성도들이 기복신앙을 가지게 된 현상을 나무라고 꾸짖는 정도의 일차원적인 반응만 보였지, 그것이 한국적 이해의 형성과 관련이 있는 해석학적 현상임을 직시하고 그 실체를 규명하는 단계로까지 들어가지 못한 것이다.

무엇이 한국 신학인가: 방향성과 방법론

한국 신학이 세워지려면 먼저 기독교 복음에 대한 한국적 이해를 형성하게 된 한국인의 심성부터 규명해야 할 것이다. 또한 그러한 한국인의 심성을 구성하고 있는 문화, 종교, 역사 배경 또한 신학적 성찰에서 간과해서는 안 된다. 한국적 이해의 실체가 규명되어야 그에 대한 평가가 신학적으로 주어질 것이고, 그런 다음에야 한국적 기독교 이해, 또는 기독교 복음에 대한 한국적 이해를 도모할 수 있는 틀을 갖출 수 있다. 이것은 한국 신학을 요청하는 또 다른 이유이기도 하다. 여기서는 한국 신학이 무엇인지에 대한 세세한 개념 정의보다 한국 신학의 방향성과 방법론을 개략적으로 논의하고자 한다.

한국 신학의 틀

한국 신학은 통합 신학이어야 한다. 다른 종교의 경우도 마찬가지겠지만, 기독교는 하나님의 세계, 인간의 질서, 우주 및 자연의 질서를 이해하는 통합적인(comprehensive or integrated) 해석의 틀을 제공한다. 그런데 우리가 서구로부터 배운 신학은 통합 신학이 아닌 쪼가리 신학이다. 우리는 기독교 신학이 의례히 그러는 줄로 알고 열심히 서구의 패턴을 따랐다. 복음주의 진영도 그랬고, 자유주의 진영도 그랬다. 우리는 한 번도 우리의 경험에 비추어 기독교 복음 연구를 다르게 할 수 있다는 가능성을 생각해보지 않았다. 그만큼 서구 기독교의 영향은 절대적이었고, 지금도 한국의 모든 신학교가 서구의 커리큘럼을 답습하고 있다. 우리는 신학은 당연히 구약학, 신약학, 조직신학, 역사신학, 실천신학, 선교학, 기독교 교육학, 기독교 윤리학, 현대신학 등으로 세분되어 연구되는 것으로 이해한다. 학문 간 경계를 좁히려는 노력이 있긴 하지만, 여전히 구약학을 전공한 사람은 바울 신학이나 역사신학에서 논의되는 주제들에 대해 발언할 자격이 적다고 생각한다. 이런 현상은 자타가 공인하는 사실이다.

성경 연구도 전문화라는 이름으로 조각내어 구약과 신약으로 나누고, 더 나아가 구약과 신약 안에서도 다양한 전문 분야로 다시 조각내어 연구한다. 공관복음을 전공한 사람과 요한복음을 전공한 학자 사이에도 경계가 그어져 있다. 물론 오늘날과 같이 전문화되고 특수화된 사회에서 기독교의 복음도 전문 영역으로 구분하여 연구하는 것이 타당하다고 주장할 수 있다. 지당한 말이다. 그러나 내가 주장하려는 것은, 전문 영역과 통합 영역을 분리하여 생각할 필요가 있다는 말이다.

전문성이 요구되는 경우에는 전문 연구가 필요하다. 그러나 적어도 기독교의 복음을 연구함에 있어서는 통합적인 틀을 만들어야 한다는 것이다. 통합적 신학은 기독교 복음에 대한 전문적 깨달음을 얻기 위해 필요한 틀이다.

한국 신학자는 성서학, 조직신학, 역사신학, 실천신학을 뛰어넘어 그러한 구분을 무시할 수 있어야 한다. 신학자는 모든 분야가 '내 분야'가 되어야지 내가 특별히 전공해서 학위를 획득한 분야만 '내 분야'가 되어서는 곤란하다. 종교를 조각내어 탐구해서는 곤란하다. 기독교의 도는 통합적으로 연구하고 통합적인 깨달음을 얻어야 한다. 신학자는 성경 전체에 정통해야 하고, 다른 신학자의 이해와 해석도 두루 섭렵할 필요가 있다. 그리고 현장에서 기독교 복음의 전수에도 정통한 사람들이어야 한다. 서구에서도 신학이 쪼가리 신학으로 전개된 것은 얼마 되지 않았다. 서구 신학이 쪼가리 신학으로 분리되어 발전된 것은 계몽주의 이후 서구 기독교의 점진적 해체와 더불어 서구의 비평적 인문 사회학의 영향을 받은 것이다.

종교를 종교답게 연구하는 방법을 서서히 상실해간 것이다. 현재의 신학교 교육으로는 통합 신학을 이루어내기가 어렵다. 만약 어거스틴, 아퀴나스, 루터나 칼뱅이 오늘과 같은 신학적 풍토에서 신학 교육을 받았다면, 아마 그들도 결코 위대한 신학자가 되기 힘들지 않았을까 싶다.

한국 신학의 목적

우리가 한국 신학을 주창해야 하는 이유는 신학을 하는 목적을 재발견하기 위해서다. 그리고 그 목적은 기독교의 도(道)를 규명하는 것이다. 우리는 무엇 때문에 신학교에 진학하고 신학을 공부할 생각을 하는가? 전문 신학자가 되는 목적은 무엇인가? 어쩌면 한국의 신학은 푯대를 상실한 신학을 막무가내로 붙들고 있었던 것이 아닌가 하는 생각이 든다. 물론 신학을 전공하는 신학도들 개개인은 나름대로 목표나 목적을 가지고 신학에 임하게 되지만 정작 우리에게 제공되는 신학이 그러한 목표나 목적에 잘 부합하는 것인지 아쉬움이 많다. 한국의 신학도들이 신학을 배우면서 느끼는 갈증은 자신들이 신학을 하기로 마음먹고 임하는 생각이 신학을 실제로 연구하면서 강화되고 심화되지 않기 때문이다.

한국의 신학도들이 진실되게 신학을 하기로 결정하게 되는 것은 기독교를 깊이 알기 위해서, 혹은 기독교의 복음을 전문적으로 터득하려는 것이다. 성도들은 신학교를 졸업한 사람들이라면 기독교 복음에 대해 깊은 이해나 깨달음을 가졌을 것으로 기꺼이 인정한다(요즈음에는 좀 약해지는 감도 있지만). 문제는 신학교에서 배우는 내용이 기독교의 복음을 깨우치고 이해를 깊게 하는 데 얼마나 도움이 되는가 하는 점이다.

신학자들의 강의를 듣고, 신학자들이 추천해주는 전문 서적을 수십 권 혹은 수백 권 읽지만 실제로 기독교 복음에 대한 깊은 깨달음에 들어가는 것은 별개의 문제가 아닌가 싶다. 신학 수업을 받는 연한이 늘어날수록 깨우침의 깊이가 더해져야 하는데, 현실의 신학 수업은(한국에서나 외국에서나 마찬가지로) 반드시 그러한 결과를 가져다주지는 않는다. 여기에서 오해하지 말아야 할 것은, 서구 신학자들이 저술한 책이 모두 기독교에 대한 우리의 깨우침을 도모하는 데 아무런 보탬이 되지 않는다는 말은 아니다. 오히려 그 반대다. 서구 신학자들이나 기독지성인들의 저술 가운데 우리가 읽어서 유익을 얻을 책은 부지기수로 많다.

그렇다면 무엇이 문제인가? 문제는 현행 신학교 제도에 들어가게 되면 읽고 싶은 책, 혹은 꼭 읽어야 하는 책을 읽을 시간이 거의 없어진다는 것이다. 외국에 유학을 가도 그러한 답답함이 더 깊어지면 깊어졌지 별로 해소되지 않는다. 우리는 신학교에서의 배움과 실질적인 기독교에 대한 배움과 깨우침 사이에 그야말로 깊은 도랑이 놓여 있음을 인식한다.

한국 신학의 방법론

신학의 틀을 조정하고 그 목적을 재발견하고 나면 방법론에 대한 질문이 제기된다. '그렇다면 한국 신학을 어떻게 할 것인가' 하는 질문이다. 해답은 이미 질문 속에 들어 있다. 신학(神學)은 학(學)을 방법론으로 사용하여 신(神)에 대한 깨우침을 도모하는 것이다. 서구로부터 전해 받은 신학은 서구에서 개발된 방법론을 사용하기 마련이다. 서구에서 개발된 다양한 비평적 방법론에 대해 거부 반응을 보일 필요는 전혀 없다. 기독교 복음에 대한 깨달음을 도와주는 방법론이면 얼마든지 활용할 수 있는 개방성은 유지해야 한다. 성경 연구를 위해 개발된 방법론이나, 다른 전문 분야에서 가르치는 방법론을 잘 활용할 필요가 있다. 방법론은 중립이다. 그것을 사용하는 사람의 의도와 입장이 중요한 것이다.

여기에서 서구의 방법론과 대비하여 한국이 기여할 요소가 있다면 그것은 전통적 학의 방법론이 될 것이다. 한국의 전통에서 학문을 하는 방법은 객관적인 사실을 규명하고 논리적인 입증을 목표로 하기보다는, 학에 임하는 사람과 학의 대상 사이에 거리가 존재하지 않게 하는 것이다. 학의 주체와 객체 사이에 간격이 없고, 주객의 분리가 일어나지 않아야 하는 것이다. 학을 하는 사람은 학의 대상을 자기화 혹은 체화한다.

신학을 하기로 마음을 먹고 기독교 복음을 연구하는 사람의 일차적인 관심은 비평이 아니다. 그들은 성경의 가르침이나 기독교의 다양한 개념에 대해 깊은 이해와 체득을 추구한다. 기독교 복음에 대한 깨달음을 도모한다. 이것은 서구 신학이 잃어버린 중요한 차원을 되살리는 것으로, 신학 연구가 신학자 자신을 위한 것이 되어야 한다는 것이다. 지금까지는 신학자들이 연구를 하고 논문을 쓰는 목적이 일차적으로 특정 주제나 이슈와 관련하여 다른 사람의 견해를 반박하고 신학자 자신의 의견을 개진하기 위함이었다. 즉 독자나 다른 학자를 염두에 두고, 주제와 이슈를 중심으로 신학 연구에 임하는 경우가 대부분이었다. 이에 대해 내 주장은 신학자의 신학하기는 남에게 전달하려는 목적이기 이전에 신학자 자신의 깨달음을 위해 전개해야 한다는 것이다. 남을 위한 신학이 아니라 자기 자신을 위한 신학이어야 한다. 그래야 남을 위한 신학도 될 수 있다. 결국 이러한 학의 방법으로 신학을 연구하기 위해서는 글을 읽는 방식에 전환이 있어야 한다.

동시에 글을 쓰는 방식에도 전환이 있어야 한다. 자기 자신의 깨달음을 위해 글을 읽을 뿐만 아니라, 깨달은 것을 정리하기 위해 글쓰기를 해야 한다. 이러한 작업이 한국 신학의 이름으로 체계화되고 보편화될 때, 한국 교회가 회생하고, 한국의 기독교가 한국인의 삶에 뿌리를 내릴 수 있다. 그뿐 아니라, 한국 기독교가 세계 신학계에 중요한 기여를 할 수 있다. 그렇기 때문에 학(學)이 신학(神學)을 위한 가장 적절한 방법이 된다.

목회와 신학의 가교

한국 신학은 목회 현장과 신학 현장 사이에 거리를 없애야 한다. 기독교의 진리를 쪼가리로 배우고 쪼가리로 가르치는 현상은 서구로부터 물려받은 불편한 전통이다. 한국의 신학도들이 그러한 신학에 어색함을 느끼는 것은 한국인으로서 지극히 당연한 일이고, 그러한 거리감에 불평을 토로하는 것도 자연스러운 일이다. 종교를 배우고 익히는 사람은 통합적 접근을 해야 한다. 서구는 이러한 전통을 잃었다. 그러나 그것은 최근에 들어와 나타난 현상이다. 서구 신학계는 한국과 아시아의 독자적인 기독교 이해를 기다리고 있다. 한국 신학은 기독교 진리에 대한 한국 신학도들의 이해이다. 기독교 진리에 대한 서구의 이해를 넘어 한국적 이해를 정리하여 제출하는 작업에 눈을 돌려야 할 때이다. 이렇게 한국 신학을 세우는 일은 한국 교회를 살찌우고 세계 기독교를 살찌우는 중요한 작업이다.

기독교, 방향 전환의 종교

앤드류 월즈 교수와의 대담

이 내용은 《목회와 신학》 2001년 12월호에 게재된 「기독교 역사의 중심축이 이동하고 있습니다」를 《목회와 신학》의 허락을 받아 사용합니다.

Q 이번에 오셔서 하시는 강의 제목이 "새로운 세기를 위한 선교의 새로운 방향"이라고 알고 있습니다. 이 강의의 핵심을 몇 개의 문장으로 요약해주시겠습니까?

A 사실 이번 강의는 제가 하려는 강의의 절반에 불과합니다. 원래는 기독교 2천 년 역사에 나타나는 몇 가지 특징을 통해 기독

교 신앙이 어떻게 확장되었는지 살펴보는 것이었습니다. 어쨌든 이번 강의는 세 문장으로 요약할 수 있겠습니다. 첫째는 초대교회로부터 지금까지 기독교 신앙이 하나의 중심지에서 외부로 확장된 것이 아니라 연쇄적(serial)으로 이동해왔다는 것입니다. 이와 달리 이슬람교는 한 지역을 중심으로 계속 확장했습니다. 곧 중심 이동 없이 시작부터 지금까지 한 지역을 중심으로 확대되어온 것입니다. 과거에 이슬람 지역이었던 곳은 대체적으로 지금까지 계속 이슬람 지역으로 남아 있습니다. 물론 예외도 있지만 전반적으로 그렇습니다.

그런데 기독교는 그렇지 않습니다. 기독교는 전 세계로 광범위하게 전파되었지만 항상 전진만 한 것이 아니라 후퇴도 했습니다. 특히 이전에 기독교 중심이었던 곳에서 후퇴와 쇠퇴가 있었습니다. 그러면서 기대하지 않았던 가장자리, 주변부에서 새로운 확장이 이루어졌습니다. 이런 현상은 신약 시대에 이미 일어나기 시작했고 지금까지 계속 일어나고 있습니다. 서유럽의 경우 불과 100년에는 기독교의 본거지였으나, 이제는 기독교의 불모지나 다름없습니다. 또한 100년 전에 한국은 신자로 불릴 수 있는 사람의 숫자가 불과 수백 명에 지나지 않았으나, 지금은 어떤지 보십시오. 지난 100년의 기독교 역사 속에서 우리가 목격한 가장 위대한 사건, 가장 놀랄 만한 사건은 기독교의 중심이 다시 한번 이동했다는 것입니다. 그리고 이런 이동은 지리적 요소뿐만 아니라 문화적 요소들도 포함하고 있습니다. 이제는 아프리카와 아시아, 그리고 라틴 아메리카의 기독교인들이 기독교를 대표하게 되었습니다. 21세기 기독교는 바로 이들에게 달려 있습니다.

100년 전, 세계 선교는 유럽과 미국 지도자들에 의해 주도되었습니다. 에든버러 대학에 있는 저의 연구실은 1910년 세계선교대회가 개최되었던 바로 옆 건물에 있습니다. 당시 세계선교대회에는 아시아에서 온 기독교 지도자들이 몇 명 없었고, 아프리카 지도자는 한 명도 없었습니다. 그 대회는 유럽과 미국 사람들에 의해 기획되고 주도되었습니다. 그러나 앞으로는 이런 현상을 보기 어렵게 될 것입니다. 경제나 군사의 영역에서는 어떤 변화가 일어날지 모르겠지만, 적어도 세계 기독교계에서 일어나게 될 미래의 중요한 일들은 아시아, 아프리카 그리고 남미에 있는 기독교인들이 주도하고 결정할 것이기 때문입니다.

Q 방금 기독교가 중심 이동을 통해 연쇄적으로 확장되었다고 하셨는데, 연쇄적이라는 말에 대해 좀 더 설명해 주시겠습니까?

A 지난 수 세기 동안 기독교 역사의 특징을 살펴보면 시대 흐름에 따라 기독교를 주도했던 교회가 계속 바뀌었습니다. 어느 한

교회 혹은 한 국가나 문화가 복음을 독점적으로 소유하지 않았다는 것이지요. 하지만 인도네시아에서 모로코에 이르는 이슬람 국가들에 가보면 공통의 이슬람 문화를 보게 됩니다. 그들 모든 나라에는 단일한 이슬람 문화가 존재합니다. 하지만 단일한 기독교 문명은 존재하지 않습니다. 차후 이 부분에 대해 좀 더 자세히 강의할 시간이 있었으면 좋겠습니다. 간략하게나마 설명하자면, 우선 성육신에서 그 이유를 찾을 수 있다고 봅니다. 하나님의 아들 예수님은 인간이 되셨지만, 전 세계적으로 보편적인 인성을 취하지는 않았습니다. 이것이 무슨 말인가 하면 불교에서 말하는 것처럼 이상적인 인간을 대표하는 아미타바 붓다가 되신 것이 아니라는 것입니다.

예수님은 매우 구체적인 문화와 상황에서 역사적 인간으로 태어나셨습니다. 그분은 1세기의 유대인으로 태어나셨고 이 땅에 사셨습니다. 우리가 예수님을 믿음으로 영접하게 되면, 예수님은 그 지역의 특수한 상황 속에 성육신하십니다. 에베소서 말씀처럼 우리가 하나가 될 때 그리스도의 온전한 형상이 이루어집니다(엡 4:13). 여기서 바울이 말하는 '우리'는 유대인과 이방인입니다. 그리스도의 몸을 이루는 데는 양쪽의 문화가 다 필요합니다. 양쪽 문화는 서로 분리되지 않고 공유하는 측면이 있으면서도 나름대로 독자성을 갖습니다. 저는 이것이 이슬람과 기독교의 다른 점이라고 생각합니다. 그리고 그것은 예수님의 성육신 원리에 기인합니다. 왜냐하면 우리가 접촉하는 인간은 구체적인 문화와 상황 속에 살고 있기 때문입니다.

따라서 복음을 듣고 회심하게 될 때 사람들은 자신의 문화 및 삶의 현실에서 그리스도의 형상을 이루는 것이며 그리스도의 몸을 완성하는 것입니다. 여기에서 그리스도의 몸은 유대 땅에 사셨던 예수님 한 분을 지칭하는 것이 아닙니다. 그 몸은 한국 기독교인, 케냐 기독교인, 가나 기독교인 등 특정 지역, 특정 형태의 기독교인 전체를 의미합니다. 그 모든 기독교인을 통해 그리스도의 온전한 모습이 드러납니다.

Q 1세기에 예수님이 성육신하셔서 인간이 되셨듯이 오늘날에도 선교적 측면에서 여러 다양한 현장 속에 성육신해야 한다는 의미입니까?

A 그렇습니다. 바울은 너희, 곧 여러 성도 속에 그리스도의 형상이 이루기까지 해산하는 수고를 한다고 말했습니다. 너희 속에 그리스도의 형상이 이루어진다고 말했는데, 모든 성도가 유대인의 육신을 이루는 것이 아니라, 갈라디아 기독교인으로 그리스도의 몸을 이루는 것입니다. 저는 이것이 초대교회의 큰 논쟁점이었다고 생각합니다. 기독교가 막 시작되었을 때 성도는 모두 율법을

준수하는 유대인뿐이었습니다. 예수님도 율법을 준수하는 유대인으로 사셨습니다. 베드로와 다른 제자들도 율법을 준수하는 유대인으로 살았습니다. 예수님의 형제인 야고보는 유대인들로부터 의인 야고보, 즉 유대인의 율법을 기준으로 의로운 사람이라는 인정을 받았습니다. 그러다가 안디옥에서 이방인들에게 복음이 전파되고 일부 이방인들이 거듭나는 사건이 생깁니다.

초기 기독교인들은 그들을 어떻게 대해야 할지 난감했습니다. 그전까지 예수님을 믿는 사람은 모두 유대 문화와 유대의 삶을 따라 살았던 사람들인데 이제 유대 문화와 전혀 상관이 없는 이방인들이 예수님을 영접한 것입니다. 유대 기독교인들은 어떻게 할지 몰라 당황했습니다. 사도행전에는 이방인 남자 기독교인에게 할례를 행하고 율법을 지키게 할 것인가 하는 문제로 고심하는 장면이 나옵니다. 결국 거듭난 이방인들은 더 이상 율법을 지킬 필요가 없다는 결론을 내립니다. 다른 말로 하면, 거듭난 이방인들은 헬라 기독교인이 되어 헬라의 삶의 방식을 따라서 살아도 된다는 뜻입니다. 저는 신약성경의 많은 부분이 어떻게 하면 헬라 방식의 신앙을 개발할지 다루는 내용이라고 봅니다.

에베소서가 기록될 당시에는 두 가지 스타일의 기독교인 밖에 없었습니다. 유대 기독교인과 이방 기독교인입니다. 사실 그들은 매우 달랐습니다. 고린도전서의 경우를 보십시오. 이방인 친구가 식사 초대를 했는데 식탁에 올라온 고기가 우상의 신전에서 산 것입니다. 따라서 이미 우상에게 바쳐진 것일 가능성이 있는데 기독교인으로서 어떻게 해야 하는가 하는 문제가 다뤄지고 있습니다. 이것은 이전에 베드로나 야고보에게는 전혀 제기되지 않았던 문제입니다. 그들이 이방인의 식사에 초대받는 일은 거의 없었습니다. 율법을 준수하는 유대인이 이방인과 같이 식사하지 않는다는 것은 상식이었습니다.

그러나 드디어 이방인의 집에서 식사해야 할 필요가 대두되었습니다. 따라서 기독교인의 새로운 삶의 방식을 정리하지 않을 수 없게 되었습니다. 그래야 헬라 사회 속에 그리스도의 몸이 드러나고 그리스도의 형상을 이룰 수 있기 때문입니다. 이것이 신약성경이 기록되던 당시의 중요한 이슈였습니다. 이에 바울은 갈라디아서에서 매우 격앙된 어조로 말하고 있습니다. 사실 갈라디아에 있는 이방인들이 할례를 받고 율법을 지킨다면 그것은 사도들과 주님이 한 것을 그대로 따르는 것입니다. 하지만 바울은 "아닙니다. 여러분은 그렇게 하실 필요가 없습니다. 여러분은 이방 세계에 살아야 합니다. 그리스도의 형상이 이방 세계에서도 이루어져야 합니다"라고 말했습니다. 기독교가 헬라 시대를 지나 다른 시대, 다른 민족으로 전파될 때에도 동일한 질문이 제기되었습니다. 이것이 제가 연쇄적이라는 단어를 통해 강조하려고 하는 것입니다.

Q 두 번째와 세 번째 강의의 요지에 대해서도 자세히 설명해주십시오.

A 저의 두 번째 강의의 요지는 기독교가 타문화권으로 전파됨으로써 생존해왔다는 것입니다. 기독교는 문화의 경계를 넘어가는 방식으로 유지됩니다. 만일 기독교가 문화의 경계선을 넘어 전파되지 못한다면 결국 쇠퇴하고 말 것입니다. 처음 예수님을 따르고 믿던 무리는 모두 유대인이었습니다. 그들은 예수님이 자기네 경전, 구약의 약속을 성취해 줄 것으로 믿었습니다. 그리고 그때까지 배우고 알았던 모든 것에 대해 마침내 예수님을 통해 새로운 의미와 새로운 통찰을 얻게 되었습니다.

자신들의 메시아인 예수님 때문에 그들은 율법 및 모든 의식과 제사가 이루어지는 성전을 그 어느 때보다 사랑하게 되었습니다. 예수님이 행하고 말한 모든 내용은 유대인의 사고 틀 속에서는 전혀 낯설거나 이상한 것이 없었습니다. 기독교인이 된 유대인들은 예수님을 알지 못하는 다른 유대인들도 예수님에 대해서 깨닫게 되기를 갈망했습니다. 그러나 그들이 이방인에게 예수님을 전하는 일은 극히 드물었습니다. 그리고 아주 특별한 경우에만 예수님을 전했을 뿐입니다. 그러나 이 모든 것은 스데반의 순교(행 7장) 이후 일부 기독교인들이 예루살렘에서 도피하여 안디옥에 이르면서 바뀌기 시작합니다. 그들은 안디옥에 살고 있던 헬라인들에게 예수님에 대해 말하기 시작했고 헬라인들은 예수님을 믿기 시작합니다. 이런 현상이 처음 있는 일이라 사도들은 바나바를 특사로 보내 도대체 무슨 일이 벌어지고 있는지 확인하도록 했습니다.

바나바는 안디옥에 도착해서 거기서 발생한 일을 목격하고 흥분합니다. 그 이후 안디옥 교회에서는 유대인과 헬라인이 함께 식사를 하고 교제했습니다. 이러한 안디옥 교회를 통해 유대인과 이방인 기독교인들이 헬라 세계를 향해 선교사를 파송합니다. 바울이 이방인 선교 여행에서 돌아왔을 때 예루살렘 교회는 그의 성공적인 사역을 기뻐했습니다. 하지만, 사도행전 11장의 기록을 통해 알 수 있는 것처럼, 예루살렘 교회의 지도자들은 여전히 핵심적이고 중요한 일은 예루살렘에서 이루어져야 한다고 생각했습니다. 그들에게 이방인 선교는 부차적인 것이었습니다.

그러나 시간은 예루살렘 교회의 편이 아니었습니다. 이스라엘과 로마 사이에 전쟁이 일어나자 예루살렘 교회 성도들은 모두 뿔뿔이 흩어지게 됩니다. 이스라엘의 패망으로 삶의 거처를 상실했기 때문입니다. 이 시기 기독교는 예루살렘 패망 이전에 왕성했던 몇몇 유대교 분파 가운데 하나로 전락할 위기에 처했습니다. 그런데 기독교를 살리는 일이 일어났습니다. 그것은 기독교가 문화의 경계를 넘어서 헬라 세계로 진출한 것입니다. 초대교회가 사라지자 헬라어를 사용하며 이방인이 주를 이루는 새로운 교회가 예루살렘 교회를 대신하게 됩니다. 그 이후 기독교 역사에서도 이와 유사한 현상이 여러 차례 일어났습니다.

    기독교는 헬라 세계에서 나름대로 특징을 갖고 발전했으며, 로마 문명권에서 주도적인 위치를 차지하게 되었습니다. 로마 제국을 배경으로 했던 교회가 쇠퇴하게 되었을 때, 여전히 기독교 신앙이 생존하며 성장할 수 있었던 것도, 다시 문화의 경계를 넘어섰기 때문입니다. 한때 로마인들이 로마 문명을 파괴할 것이라고 우려했던 사람들, 소위 야만족이라고 불렸던 사람들에게 기독교가 전파되었습니다. 다른 언어, 다른 문화 및 다른 삶의 방식을 지닌 사람들에게 전파되어 다시 또 위기를 모면한 것입니다. 이러한 현상은 지난 100년의 역사에서도 일어났습니다. 기독교는 문화와 언어의 경계를 넘어감으로써 이어졌습니다. 이렇게 문화의 경계를 넘어 전파되지 않았다면 기독교는 쇠퇴하고 소멸되었을지 모릅니다. 그러므로 앞으로 전개될 100년의 역사에서도 아시아와 아프리카 기독교인들이 기독교 신앙을 전파하고 나누기 위해 문화의 경계를 넘어가야 할 것입니다.

    기독교 역사 이해의 세 번째 요점은 '그리스도는 당신의 교회를 세우기 위해 이 세상의 모든 문화를 취하신다'는 것입니다. 초대교회는 인종적으로나 문화적으로 그리고 사고방식과 세계관에 있어 전적으로 유대적인 특성을 갖고 있었습니다. 그래서 기독교인으로 살아가는 삶의 방식을 철저히 유대적인 것으로 발전시켰습니다. 따라서 안디옥에 있는 헬라인들이 기독교를 받아들였을 때 유대 기독교인 대부분은 헬라인도 할례를 받고 율법의 가르침에 순종해야 한다고 생각했습니다. 그때까지만 해도 기독교인의 유일한 삶의 방식은 유대의 관습뿐이었기 때문입니다. 또한 예수님 자신도 그런 삶을 사셨고, 그의 제자들도 그러했습니다.

하지만 사도행전 15장의 기록처럼 예루살렘 교회에서 이 문제가 다루어졌을 때, 지도자들은 이방인이 할례받는 것과 율법에 순종하는 것이 필요하지 않다고 결론 내렸습니다. 곧 헬라인으로서 예수님을 영접하고 기독교인이 된 사람은 성령님의 인도하심과 조명 아래 헬라인이면서 동시에 기독교인이라는 정체성을 갖고 사는 방법을 스스로 찾아야 한다고 했습니다. 왜냐하면 그들은 헬라적인 특징을 갖는 사회에서 기독교인으로 살아야 했기 때문입니다. 물론 그들은 헬라의 가족, 사회 및 지적 생활에 영향을 끼치고 그것들을 변화시키는 역할을 해야 합니다. 하지만 그 변화는 헬라 사회 내부로부터 자연스럽게 이루어지는 것이어야 했습니다. 헬라 기독교인으로 살아가는 것은 유대 기독교인으로 살아가는 것과는 다른 차원의 문제였습니다. 그러나 그 어느 한쪽이 다른 쪽과 비교해 우월하거나 열등한 것은 결코 아닙니다. 헬라 기독교인이나 유대 기독교인이나 모두 예수님의 몸의 일부로 서로에게 속해 있습니다. 바로 이것이 에베소서가 가르치는 내용입니다.

앞에서 언급한 대로 에베소서가 기록되었을 당시 기독교 안에는 두 개의 주요 문화, 두 개의 기독교적 삶의 방식(유대적인 방식과 헬라적인 방식)이 존재했습니다. 하지만 오늘날에는 훨씬 다양한 기독교적 삶의 방식들이 존재합니다. 그러므로 앞으로 다가오는 세기에 선교사가 감당해야 할 가장 큰 역할은 성령님의 인도하심과 조명 아래 세상의 다양한 문화 안에서 각기 다른 기독교적 삶의 방식이 발전되도록 돕고 격려하는 것입니다. 이와 더불어 각기 다른 기독교적 삶의 방식을 갖고 살아가는 기독교인들이 서로를 그리스도의 몸의 한 지체요, 일원으로 인정하고 공존하도록 도와야 합니다. 하지만 종종 발견하는 것은 우리 자신의 문화를 강요하거나 우리가 생각하는 이상적인 삶의 방식을 전수하고 싶어 한다는 사실입니다.

Q 교수님은 기독교 역사의 중심이 계속 움직여왔다고 말씀하셨고, 최근에는 서구 사회로부터 비서구 사회로 기독교의 중심이 옮겨지고 있다고 하셨습니다. 하지만 문제는 당사자인 서구 신학자들이나 기독교인들은 물론이고 우리를 포함한 비서구 기독교인들도 이런 현실을 실감하지 못하는 것 같습니다. 우리가 기독교 역사의 중심 이동이 일어났다는 사실을 어떻게 받아들여야 할까요?

A 정말로 양쪽이 다 인식을 못하고 있습니다. 서구 교회뿐 아니라 많은 비서구 교회조차 오늘날 일어나고 있는 변화에 대해 아직 준비가 되지 않았습니다. 그러나 제가 사는 동안에도 서구 교회의 쇠퇴는 매우 분명하고 빠른 속도로 진행되었습니다. 북미의 기독교 자원이 매우 풍부해 보이긴 하지만, 불과 100년 전에 유럽 교회에 영향을 미친 요인들이 지금 북미 교회에 나타나고 있습니다. 유럽 교회의 쇠퇴는 선교가 왕성하게 일던 시대부터 이미 시작된 일이었습니다. 19세기 선교 운동의 성공 요인은 미국 교회의 부흥이었습니다.

19세기 말 미국은 19세기 초보다 훨씬 더 기독교화되어 있었지만, 유럽 교회는 19세기 초에 비교하여 그 수가 훨씬 감소하였습니다. 일단 쇠퇴의 흐름이 형성되면 매우 빠르게 진행됩니다. 그 후 100년 동안 한국과 아프리카에서도 혁명적인 변화가 일어났습니다. 1900년 아프리카 대륙에는 약 천만 명의 신자들이 있었는데, 지금은 약 3억 명 이상으로 늘어났습니다. 그렇다면 21세기 기독교 선교의 중심지가 어디겠습니까? 앞으로 세계 선교의 중심은 현재 기독교인들이 많이 있는 아프리카, 남미, 아시아의 일부 지역이 될 것입니다. 아시아의 일부 지역에는 한국도 포함됩니다.

앞으로 기독교의 수준은 이들 새로운 중심에 달려 있습니다. 그러므로 이제는 프린스턴이나 에든버러를 주목할 일이 아닙니다. 그 두 학교에서 교수를 하면서 제가 학생들에게 자주 말했던 것이 있습니다. 저는 프린스턴 신학교, 에든버러 대학 신학부, 가나 등에서 학생들을 가르쳤습니다. 프린스턴이나 에든버러 모두 명성이 있는 학교로서 과거 신학 연구에 기여한 바가 큽니다. 그러나 거기서 무슨 일들이 일어나는가 하는 것은 이제 지엽적인 의미를 가질 뿐입니다. 전 세계 기독교에 영향을 미치는 측면에서는 아프리카 가나에서 일어나고 있는 일들이 그보다 50배나 더 중요하다고 생각합니다.

Q 지금 말씀하신 대로 기독교의 중심이 아시아나 아프리카로 움직이려면 기독교의 이미지가 탈서구화되어야 한다고 봅니다. 그런데 거기에는 지금 아시아나 아프리카에서 대두되는 기독교 세계관의 문제가 연결되어 있는 것 같습니다. 일단 예수님을 믿는 일에 있어서는 서구보다 쉬웠다하더라도, 전통적인 세계관이 기독교적 세계관으로 바뀌는 과정에서는 서로 충돌이 일어나게 됩니다. 이것이 쉽지는 않을 것 같은데요?

A 많은 질문을 하셨는데 그중에 몇 가지 매우 중요한 것이 있습니다. 제가 더 상세히 설명하고 싶은 내용 중 하나가 '기독교는 회심, 즉 방향 전환의 종교'라는 것입니다. 회심이 무엇을 의미하

는지 오해할 수 있는데, 회심이란 방향을 바꾸는 것입니다. 예수님을 향해 방향을 바꾸어 돌아서는 것입니다. 그러므로 이것은 내용의 변화보다는 방향의 전환입니다. 따라서 옛것을 새것으로 바꾸는 것이나 옛것에 새것을 더하는 것이라기보다는 이미 있는 것의 방향을 그리스도께로 돌리는 것입니다. 과거 기독교 역사에서 일어났던 일들을 보면 기존의 세계관이 예수님께로 방향 전환한 것을 볼 수 있습니다.

갈라디아서는 단호하게 자신을 포기하지 말라고 말합니다. 갈라디아 사람들의 내면은 회심 이후에도 여전히 갈라디아 사람이었습니다. 하지만 그들은 외형적으로 유대인이 되려 했습니다. 자신들이 마치 유대인인 척 생각하고 행동한 것입니다. 이렇듯 다른 기독교인들을 모방하는 차원에서 기독교인이 되려고 해서는 안 됩니다. 그들은 유대 기독교인 행세를 하기보다는 거듭난 갈라디아인이 되어야 합니다. 그들이 가진 헬라 세계관은 반드시 예수님께로 방향을 전환해야 하지만, 어쨌든 여전히 헬라적인 것만은 사실입니다. 이와 같은 방식으로 아프리카, 아시아의 현지 문화와 세계관도 그리스도를 향해 방향을 전환해야 합니다.

초대교회를 좀 더 살펴볼까요? 초대교회도 방향 전환을 했습니다. 초대 기독교인들은 철저히 유대적인 사람들이었지만, 누가 메시아인지 깨달은 후에 방향을 바꿉니다. 그들은 메시아 예수님의 렌즈를 통해 모든 것을 재해석했습니다. 그러면서도 율법을 버리지 않고 계속 지켰습니다. 성전 제도에 등을 돌린 것도 아닙니다. 그들은 성전이 존재할 때까지는 성전 제도를 따랐습니다. 유대 기독교인들은 여전히 동물 제사를 드렸던 것이 분명하고, 사도 바울도 율법에 따라 결례를 행했습니다.

Q 할례는 어떠했습니까?

A 할례 역시 자녀들에게 여전히 행했던 것이 분명합니다. 제가 보기에 바울은 유대인은 할례를 행해도 좋다는 입장이었던 것 같습니다. 역설적으로 유럽에서는 세계관의 문제로 수백 년 동안 유대인들이 끔찍한 일을 당했습니다. 이런 일은 그들이 기독교인이 될 때 이방 기독교인과 같이 되도록 강요받은 데서 비롯되었습니다. 안식일이나 유월절을 지키는지 감시당하고 종교재판에서 심문까지 받아야 했던 것입니다.

Q 회심은 내용 면이 아니라 예수님께로 방향을 전환하는 것이라는 말씀이시죠? 세계관은 삶의 방식의 문제인데 그렇다면 그들의 세계관을 어떻게 바꿀 수 있을까요?

A 우리 선교사들은 자기 나름대로 고유문화에 적응된 기독교를 가지고 선교지로 갑니다. 지금까지 서구 문화에서 가장 큰 위협이 되었던 것은 계몽사상이었습니다. 유럽의 계몽사상은 기독교에 정말로 큰 위협을 가했고 기독교를 거의 소멸시킬 뻔했습니다. 다행히 계몽사상이 기독교를 완전히 소멸시키지는 못했는데, 거기에는 다양한 이유들이 있습니다. 어쨌든 서구에는 계몽사상의 영향을 받은 기독교가 발달했습니다.

계몽사상의 결정적인 결함은 우리가 보고 느끼고 만질 수 있는 경험적인 세계와 영적인 세계 사이에 분명한 선을 긋는 것입니다. 완강한 합리주의자는 경험적 세계 반대편의 영적 세계에 아무것도 없거나 혹은 있다 하더라도 우리가 그것에 대해 전혀 알 수 없다고 주장합니다. 기독교 계몽사상은 그 두 세계가 교차하는 지점들이 있다고 말하는데, 그것은 계시, 성육신, 기도, 기적의 순간 등입니다. 그래서 18세기 이후에는 신학의 영역이 매우 축소되어 아주 작은 규모의 우주만을 다루게 되었습니다. 신약성경을 보면 방언, 예언 등이 일반적 현상이었지만 그것은 사도 시대에만 해당되며 지금은 반복되지 않는다고 말합니다.

제가 잘 아는 아프리카의 예를 들어보면, 복음이 아프리카에 들어왔을 때 아프리카인들은 복음에 순수한 반응을 보이며 기독교인이 되었습니다. 이들이 사는 우주는 서구인의 우주와 다릅니다. 아프리카인의 우주에는 온갖 종류의 영적 세력이 가득 차 있습니다. 현실 세계와 영적 세계 사이의 선이 분명하지 않은 것이죠. 이 두 세계는 상호 개방되어 있고 어느 쪽에서나 건너갈 수 있습니다. 그러니 자연적인 것과 초자연적인 것 사이에 차이가 없는 것입니다. 따라서 아프리카에서는 초자연적인 것이 매우 자연스럽습니다. 그런 일이 매일 일어나는 것이죠. 여기서 문제가 무엇인가 하면, 우주에 대해 이렇게 거대한 세계관을 가진 많은 기독교인이 유럽이나 미국에서 온 작은 우주의 세계관을 배경으로 한 신학을 배울 때, 그것이 자신들의 세계관과 맞지 않는다는 것입니다.

저는 아프리카 사람들에게 "당신의 세계관을 바꿔야 합니다. 영적 세력 같은 것은 없습니다. 주술은 존재하지 않습니다"라고 말해줄 필요가 전혀 없다고 생각합니다. 주술은 아프리카 사회에 실재하는 파괴적인 힘입니다. 서구 계몽주의의 입장에서 "주술은 상상의 산물일 뿐입니다. 주술은 우리에게 아무런 영향도 끼칠 수 없습니다"라고 말한다면, 아프리카 사람들은 "절대로 그렇지 않습니다"라고 답변할 것입니다. "주술 같은 것은 없다"는 말은 그들에겐 말도 안 되는 소리일 뿐 아니라 자신들의 경험과도 전혀 일치하지 않습니다. 만일 신학이 주술 문제를 다루지 않는다면 어떻게 되겠습니까? 아프리카 사람이 보는 우주 가운데 예수님이 개입하시지 않는 영역이 생기게 되는 것입니다. 그래서 현실적으로 어떤 일이 일어났느냐 하면, 어느 정도 교육을 받은 사람들이 성경을 읽다가 자신의 세계관과 연결시켜서 예수님을 자기 나름대로 이해하는 시도를 하게 되었습니다. 결국 그들의 고유한 세계관을 변혁시키기보다 그 세계관의 모든 영역에 예수님이 임하시도록 하는 것이 관건입니다. 왜냐하면 예수님이 임재하시지 않는 영역이 있어서는 안 되기 때문입니다.

Q 기독교의 중심 이동에 대한 인식 및 신학 패러다임의 변화가 서구 신학자의 입장에서 쉽지 않았을 것 같은데 교수님의 경우 어떻게 그런 변화가 가능하셨습니까?

A 저는 30세에 아프리카로 갔습니다. 제 생각에 비교적 훌륭한 신학 교육을 받은 후였습니다. 제가 처음 간 곳은 아프리카 시에라리온이었는데 거기서 신학 교수 사역을 감당했습니다. 그때가 1957년이었습니다. 당시 저는 교회 역사를 가르쳤는데, 그곳 기독교인을 '어린 교회'(Younger Churches)로 보았습니다. 그래서 오랜 역사를 가진 '어른 교회'(Older Churches)가 성숙한 지혜로 그들을 가르쳐야 한다고 생각했습니다. 저의 학위 논문은 초대교회 교부 신학 중에서 히폴리투스의 사도적 전통에 관한 것입니다. 저는 아프리카 학생들을 가르치면서 지식의 형식적 전달만 있을 뿐 그들의 머리나 마음에 아무런 감흥도 일어나지 않고 있다는 것을 알게 되었습니다.

그러던 어느 순간 이런 생각이 번쩍 들었습니다. '보라. 지금 너는 2세기 초대교회 안에 살고 있다. 잠잠히 무슨 일이 일어나고 있는지 주변을 살펴봐라.' 그날의 작은 출발로부터 시작해 저는 살아 있는 교회를 통해서 과거를 이해하는 시도를 했습니다. 그리고 제가 속해 있는 교회를 관찰하기 시작했습니다. 이것은 저의 지적 순례의 시작에 불과했으며 결국 저는 제 신학 연구의 방향 전체를 바꾸게 되었습니다. 처음에는 시에라리온 교회 역사를 연구하는 것이 그다지 힘든 일이 아닐 것으로 생각했습니다. 하지만 막상 시작해보니 매우 할 일이 많다는 것을 알게 되었습니다. 아프리카 종교의 역사도 연구하게 되었는데, 이전에는 결코 관심도 기울이지 않았던 부분이었습니다.

결국 저의 연구는 아프리카의 종교 역사에 대한 연구로 이어졌습니다. 서구 기독교의 역사도 다시 보게 되었습니다. 우리는 초대교회 연구에 많은 시간을 투자하지만 사실 그것은 초기 로마 교회를 연구하는 것이지 중국 교회를 연구하는 것은 아닙니다. 그런데 북잉글랜드 왕에게 복음이 처음 전해진 것과 정확히 같은 해에 중국 황제에게도 복음이 전해졌다는 사실을 알게 된다면 영국의 많은 지식인이 놀랄 것입니다. 복음의 전파는 사실 그런 식으로 광범위하게 이루어졌지만 보통 우리는 로마 제국의 교회 역사를 공부한 후 훌쩍 뛰어넘어 종교개혁 역사로 갑니다. 그런 다음에 스코틀랜드나 잉글랜드 혹은 미국 교회의 역사를 공부합니다.

그러면서 아프리카에 기독교가 전파된 시기나 교회 역사를 연구하는 데에는 별로 시간을 투자하지 않습니다.

저는 바로 얼마 전 독일에서 열렸던 어느 학회에 참석하고 왔습니다. 그것은 '아프리카 교회와 미디어'를 주제로 한 것이었습니다. 물론 저는 미디어 같은 첨단 기술에 대해 아는 바가 거의 없습니다. 하지만 저에게 크게 인상적이었던 게 있습니다. 바로 아프리카에서 온 자료들이었는데, 1990년에서 2001년까지 나이지리아 교회에서 일어났던 각종 일들을 보여주는 것이었습니다. 그것은 교회 지도자들의 편지, 경건 소책자, 전도 소책자, 인기 있는 소설, 유물, 비문, 무덤 등이었습니다. 교회 역사를 제대로 이해하려면 정말로 이런 자료를 이해해야 합니다. 아프리카 사람은 여기 한국에 살고 있는 사람보다 삶의 한계나 빈곤을 훨씬 더 각박하게 체험하며 살고 있습니다. 그들은 서기 2세기의 생존 환경과 유사한 환경에 살고 있습니다.

제가 경험한 어처구니없는 일이 한 가지 있습니다. 인도에서 교회사를 강의하는 사람들을 위해 워크숍을 인도해달라는 요청을 받은 적이 있습니다. 그런데 그들을 만나보니 모두 유럽이나 미국 신학교에서 가르치는 내용으로 강의하고 있었습니다. 그들 대부분은 신학교 교수였는데 서구식 강의안을 갖고 인도 신학생들을 가르쳤던 것입니다. 하지만 서구의 첫 선교사가 아시아에 도착하기 훨씬 이전에 아시아에는 이미 복음이 들어가 있습니다. 그들에게 1500년의 기독교 역사가 있었다는 것을 알면 아마 기독교 역사 자체가 달리 보일 것입니다. 그러나 사람들은 그렇게 가르치지 않습니다. 그들은 서구 신학교에서 가르치는 강의안을 그대로 가르치며, 지금까지 그렇게 하고 있습니다.

Q 혹시 한국을 보시면서 기독교 신학의 방향성과 책임에 대해 조언해줄 말씀이 있는지요? 기독교의 중심이 아시아로 오고 있는데 아프리카는 물론이고 한국 신학이 져야 할 책임이 있다면 무엇이라고 보십니까?

A 원하는 만큼 만족스러운 답변은 드리지 못할 것 같지만, 저는 한국이 매우 중요하고 특별한 위치에 있음을 강하게 확신합니다. 그런 확신을 가진 지 벌써 여러 해가 되었습니다. 한국 교회는 세계 선교의 분야에서 괄목할 만한 헌신을 보여주었습니다. 한국에 와서 만난 학생들에게서 그것을 분명히 볼 수 있었습니다. 저는 여기서나 다른 곳에서 만난 한국인들, 곧 에든버러나 프린스턴에서 만난 한국 학생들에게서 깊은 인상을 받았습니다. 그들은 매우 헌신된 복음 전도자들로서 중앙아시아 등 서구 교회가 영향력을 미치지 못하는 곳에까지 영향력을 끼쳤습니다. 그것은 너무나도 훌륭한 일입니다. 지금 한국 교회는 그런 역할을 할 시기에 들

어와 있습니다. 저는 서구의 선교 운동이 끝나게 되는 때가 온다고 생각합니다. 북미나 유럽의 교회를 볼 때 여러 각도에서 서구 교회가 활약하던 시대가 이제 막바지에 왔다고 생각합니다. 이것은 식민 시대의 종료를 의미하는 것이기도 합니다.

한국 교회의 역할이 특별한 이유가 한 가지 더 있습니다. 흔히 기독교에 대한 현지인들의 반응은 반식민주의 운동으로 나타나거나 그와 연관되어 있지만, 한국 교회의 경우는 기독교와 식민주의가 연결되어 있지 않습니다. 대다수 아프리카 국가나 아시아 대부분 국가와 전혀 다른 상황입니다. 다시 말해 한국 교회는 식민주의와 연결된 과거의 무거운 짐이 없습니다. 오히려 한국 교회가 식민주의의 피해자였죠. 하지만 한국은 더 큰 위험도 함께 안고 있다고 생각합니다. 그 위험이란 서구가 저질렀던 모든 잘못을 한국 교회가 반복할 수 있다는 점입니다. 서구 기독교인 중 일부는 식민주의에 깊이 관련되어 있었습니다. 식민 지배에 직접 참여할 필요가 없거나 그 도구가 되지 않을 수도 있었는데 말입니다. 선교의 방편이 식민지 전략과 같은 양상을 취했습니다.

한국 교회가 서구 식민주의 시대의 선교 전략을 그대로 답습하는 것은 위험한 일입니다. 그러나 한국은 서구 교회가 잘하지 못했던 일을 할 수 있는 기회를 갖고 있습니다. 그것은 교회의 보편성을 유지하는 일입니다. 개신교의 선교 개념은 현지 교회가 형성되고 나면 선교의 임무가 종료된 것으로 알고 선교지에서 철수하는 것입니다. 그런데 서구 근대 선교의 초기에 선교가 민족주의의 개념과 결부되고 식민주의와 한 묶음이 되어버렸습니다. 그 결과 교회는 국적을 초월하는 공동체라는 개념을 상실하게 되었습니다. 식민주의와 결탁해야 하는 상황에서는 교회가 민족주의를 초월할 수 없습니다. 가톨릭은 이 문제를 좀 더 유연하게 해결했는데, 그것은 그들이 브라질 신부를 인도에 파송할 수 있었기 때문입니다. 지금은 기독교 선교에서도 아시아 선교사, 아프리카 선교사가 활동하고 있기에, 그 문제를 더 잘 극복할 수 있다고 생각합니다. 그것이 한국 교회의 장점 중 하나입니다.

한국 교회가 할 수 있는 또 다른 기여는, 앞의 질문과 관련된 것으로, 다양한 세계관에 대한 연구를 장려하는 것입니다. 지금 한국은 세 가지 옛 전통의 연장선상에 서 있습니다. 그것은 불교, 유교 그리고 샤머니즘 전통입니다. 그 모든 세계관이 이제는 예수님을 지향하도록 해야 합니다. 이문장 교수는 아시아인이 동양식으로 성경을 읽을 수 있어야 하고 그런 작업을 하고 있다고 말한 적이 있습니다. 우리 유럽인은 성경을 읽는 방법에 있어 계몽주의라는 지적 전통의 영향을 크게 받고 있습니다. 여러분도 경전의 본문을 읽는 불교적, 유교적 방법을 가지고 있어서, 성경을 읽는 방식에 영향을 받을 것이 분명합니다. 그것이 숨겨지거나 은밀하게 영향을 미치도록 내버려두지 말고 오히려 적극적으로 예수님을 지향하도록 만든다면 성경 연구의 큰 자산이 될 것입니다. 그것은 한국 교회의 은사가 될 수 있습니다. 그러므로 저는 한국 교회에 경의를 표합니다. 한국 교회의 전도에 대한 열정, 기도 생활, 풍부한 영성을 칭찬하고 싶습니다. 제가 아는 한국인 친구들이 여러 해에 걸쳐 제게 끼친 영향에 대해 감사합니다.

저는 방금 J. S. 데니스가 1893년에 프린스턴 신학교 학생들에게 했던 설교집을 읽었습니다. 설교에서 그는 100년 후에 나타날 위대한 기독교 국가에 대해 전망하며, 그곳이 일본, 중국, 인도라고 말합니다. 여기에 한국은 빠져 있는데, 아마도 당시 한국 기독교인이 겨우 177명밖에 안 되었기 때문이라고 생각합니다. 그리고 아프리카에 대해서는 별로 기대할 수 없다는 식으로 말했습니다. 그런데 그로부터 100년이 지난 지금의 모습을 보면 기독교 선교에 대한 열정이 느껴지는 곳은 한국과 아프리카이지 중국과 일본이 아닙니다.

귀한 시간을 내주셔서 감사드립니다.

주

2장 복음의 토착화, 그 무한한 가능성

1 R. G. Collingwood, *The Idea of History* (London: Oxford Univ. Press, 1946), p. 49.

2 John Michael Wallace-Hadrill, *The Frankish Church* (Oxford: Clarendon Press, 1983), p. 386.

3 Christopher Dawson, *Religion and the Rise of Western Culture* (London: Sheed and Ward, 1950), p. 115.

4 J. Spencer Trimingham, *Christianity among the Arabs in Pre-Islamic Times* (London, 1979), p. 94.

5 *The Letters of Pliny the Younger* (New York, 1969), pp. 293-295.

6 *Early Christian Writings: The Apostolic Fathers* (New York, 1968), pp. 176-77.

7 Edward Gibbon, The Decline and Fall of the Roman Empire, pp. 671-726.

8 James Frazer, *The Golden Bough: Part IV*, pp. 300-301.

9 Adolf von Harnack, *The Mission and Expansion of Christianity*, vol. i, 각주 22번에서 인용.

10 Eric R. Dodds, *Pagan and Christian in an Age of Anxiety* (New York, 1970).

11 Dodds, *Pagan and Christian*, p. 106.

12 Kenneth Latourette, *A History of the Expansion of Christianity*, vol. i

(NewYork, 1932), pp. 163-164.

13 Hocking, *World Civilization,* p. 80에서 재인용

4장 초대교회에서 배우는 21세기 교회 모델

1 이 내용은 *Reliquiae Baxterianae,* 및 *Mr. Richard Baxter 5 narrative of the most memorable passages of his life* (London, 1969)에 처음 실려 있다. J. M. Lloyd Thomas, *The Autobiography of Richard Baxter* (London : Dent, 1931), p. 117에도 적혀 있다.

2 W. F. Flemington, *The New Testament Doctrine of Baptism* (Cambridge : Cambridge Univ. Press, 1948).

3 Kwame Bediako, *Theology and Identity : The impact of Culture upon Christian Thought in the Second Century and in Modern Africa* (Oxford : Regnum, 1992).

4 *Apology* 1.46.

5장 기독교의 미래 : 오리겐을 통해 본 전망

1 *Ecclesiastical History,* 6:19.

2 Henry Chadwick, *Origen : Contra Celsum Translated with an Introduction and Notes* (Cambridge : Cambridge University Press, 1954).

3 *Philocalia* 13.

8장 아프리카 신학이란 무엇인가

1 Adrian Hastings, *African Catholicism: An essay in discovery* (London, 1987), pp. 54-64.

2 Okot p' Bitek, *African Religions in Western Scholarship* (Kampala, 1970); Ali Mazmi, *The African Condition: A political diagnosis* (London,1980).

3 Desmond Tutu, "Whither African theology?" in E. Fashole-Luke et al 주 269 (eds), *Christianity in Independent Africa* (London, 1978), pp. 364-369.

4 Hastings, *African Christianity : An essay in interpretation* (London,1976), p.50.

5 같은 책, p. 183.

6 Kenneth Cragg, Conversion and Convertibility with special refrence to Muslims," in John Stott and Robert Coote (eds) *Down to Earth : Studies in Christianity and culture* (Grand Rapids, 1980), p. 194.

7 E. Fashole-Luke, "The quest for an African Christian theology," *Ecmenical Review,* 27 (1975), p. 267.

8 John Mbiti, "Some African concepts of Christology," in George F. Vicedom (ed.), *Christ and the Younger Churches* (London, 1972), p. 51.

9 Andrew Walls, "Africa and Christian Identity," *Mission Focus* 6/7 (1978), p. 12.

10 John Mbiti, "The future of Christianity in Africa (1970—2000)," *Communio Viatorum : Theological Quarterly* 13 (1970), p. 36

11 Bolaji Idowu, *African Traditional Religion : A definition* (London, 1973), p. 205.

12 Gwa Cikala Musharhamina Mulago, *La Religion traditionelle des bantu et leur vision du monde,* 2nd edn (Paris, 1980), p. 7.

13 Byang H. Kato, *Theological Pitfalls in Africa* (Kisumu, 1975), p. 169.

14 John S. Mbiti, *African Religions and Philosophy* (London, 1969).

15 John S. Mbiti, "Christianity and traditional religions in Africa," *International Review of Mission*, 59 (1970), pp. 430-440.

16 John S. Mbiti, "Ways and means of communicating the Gospel," in C.G. Baeta (ed.) *Christianity in Tropical Africa* (London, 1968), p. 332.

17 John Kinney, *Occasional Bulletin of Missionary Research*, 3/2 (1979), p. 68 에 대한 Mbiti의 글에서.

18 같은 책.

19 같은 책.

20 Lamin Sanneh, *West African Christianity : The religious impact* (London, 1983), p. 250.

21 John S. Mbiti, *Bible and Theology in African Christianity* (Nairobi, 1979), pp. 15-25.

22 Hastings, *African Christianity*, p. 39.

23 Sanneh, "The horizontal and the vertical in m ission : an African perspective," *International Bulletin of Missionary Research*, 7/4 (1983), p. 166.

24 같은 책.

25 John Pobee, *Toward an African Theology*, p. 23.

26 E. Mveng, "African liberation theology," in L. Bof f and V. Elizondo (eds) *Third World Theologies : Convergences and differences* (Consilium 199), p. 18.

27 Robin Horton, "Philosophy and African Studies," in David Brokensha and Michael Crowder (eds.) *Africa in the Wider World* (Oxford, 1967), p. 263에서 재인용함.

28 Johannes Verkuyl, *Contemporary Missiology : An Introduction* (Grand Rapids, 1978), p. 277.

29 Kwesi Dickson, *Theology in Africa*, p. 29.

30 같은 책.

31 특히 Leslie Newbigin의 저술들을 참고하라.

32 Andrew F. Walls, "Structural Problems in Mission Studies," *IBMR*, 15/4 (1991), pp. 146-155.

Andrew F. Walls © "The Gospel as Prisoner and Liberator of Culture," in *Faith and Thought* 108 (Nos. 1 and 2, 1982), pp. 39-52.

Andrew F. Walls © "Old Athens and New Jerusalem: Some Signposts for Christian Scholarship in the Early History of Mission Studies," in *International Bulletin of Missionary Research* Vol 21-4 (Oct, 1997)

Andrew F. Walls, "In Quest of the Father of Mission Studies," *International Bulletin of Missionary Research* 23 (3) 1999, pp. 98-105.

Lamin Sanneh, "Gospel and Culture : Ramifying Effects of Scriptural Translation," in *Bible Translation and the Spread of the Church : The Last 200 Years*, Leiden, New York, Copenhagen, Cologne, 1990, pp. 1-23.

John S. Mbiti, "Theological Impotence and the Universality of the Church," in *Mission Trends No. 3 : Third World Theologies*, eds by George H. Anderson and Thomas F. Stransky (New York : Paulist Press and Grand Rapids : Eerdmans, 1976), pp. 6-18.

Kwame Bediako, "African Theology," in *The Modern Theologians. An Introduction to Christian Theology in the Twentieth Century*, ed. by David F. Ford (Oxford : Blackwell, 1997), pp. 426-444.

Hwa Yung, "The Limitation of Western Theology and the Rationale for a Contextual Asian Theology" 미출간 원고.

기독교, 새 시대가 열린다
세계적인 석학 6인이 말하다

초판 발행	2025년 3월 30일
편역	이문장
발행인	손창남
발행처	(주)죠이북스(등록 2022. 12. 27. 제2022-000070호)
주소	02576 서울시 동대문구 왕산로19바길 33, 1층
전화	(02) 925-0451 (대표 전화)
	(02) 929-3655 (영업팀)
팩스	(02) 923-3016
인쇄소	(주)진흥문화
판권소유	©(주)죠이북스
ISBN	979-11-93507-52-0 03230

책값은 뒤표지에 있습니다.
잘못된 도서는 교환하여 드립니다.
이 책 내용을 허락 없이 옮겨 사용할 수 없습니다.